足球体能训练丛书 6

足球运动营养学

提高运动成绩和健康的最佳饮食

〔丹麦〕延斯·邦斯博　著
李雪　韩海军　李鸣　李梦　译
中国足球协会　审定

人民体育出版社

图书在版编目（CIP）数据

足球运动营养学：提高运动成绩和健康的最佳饮食 /（丹）延斯·邦斯博（Jens Bangsbo）著；李雪等译. --北京：人民体育出版社，2021

（足球体能训练丛书；6）

书名原文：Nutrition in Football

ISBN 978-7-5009-5705-8

Ⅰ. ①足… Ⅱ. ①延… ②李… Ⅲ. ①足球运动–体育卫生–营养学 Ⅳ. ①G804.32

中国版本图书馆 CIP 数据核字（2019）第281217号

*

人民体育出版社出版发行

三河兴达印务有限公司印刷

新 华 书 店 经 销

*

710×1000 16开本 8.25印张 121千字

2021年2月第 1 版 2021年2月第 1 次印刷

印数：1—3,000册

*

ISBN 978-7-5009-5705-8

定价：46.00元

社址：北京市东城区体育馆路 8 号（天坛公园东门）

电话：67151482（发行部） 邮编：100061

传真：67151483 邮购：67118491

网址：www.sportspublish.cn

编译委员会

策划： 李飞宇

审定： 中国足球协会

译者： 李　雪（成都体育学院）

韩海军（四川大学）

李　鸣（四川大学）

李　梦（成都体育学院）

译审： 王启荣　艾婧文

足球体能训练丛书序

体能是运动员竞技表现能力的重要基础。强化体能训练不仅可以提高运动员的身体素质，为能征善战奠定坚实基础，而且更能够锤炼运动员意志品质，锻造顽强拼搏、永不言败的优良作风。

中国足协已经注意到，科学地进行体能训练，是当今世界足球强队保持和提高竞争力的重要方法。过去我们的教练员培养体系存在较大短板，各级专业队伍的复合型保障团队建设滞后，很难实现训练的科学性，特别是体能训练在球队资源配置中还没有起到重要的基础性作用，专业的体能教练、康复人才以及队医等也都十分短缺。

长期“欠债”所造成的基础体能薄弱、专项体能不强的问题，制约着中国足球决胜赛场的能力提升和实力发挥。这既是巨大的挑战,也是努力的方向。我们必须快速地学习先进的理念和方法，必须依靠自己的能力才能在日益激烈的竞争中站住脚。所以，为了中国足球的成功，我们现在就要下决心、想办法提高自己全方位的竞争力，不能有短板。这就需要研究怎样提高球队的系统竞争力；研究怎样科学地实现技术、战术、体能和心理一体化训练；研究怎样更好地预防伤病和减少运动损伤，持续提升竞技能力并延长运动寿命；研究怎样利用大数据、人工智能、混合现实、生物技术等先进的科技来为足球赋能，通过科技帮助中国足球实现弯道超车。

足球竞技能力的提升是一个复杂系统。训练理念、训练知识要转化成教练员执教能力、球队收获训练成果，还需要一个转化过程，需要在实践中反复检验和快速迭代。我们的教练员都应该有开放、好奇的心态，努力成为一名足球领域的终身学习者，坚持做到知行合一。

这套丛书是一个工具套装，是亚足联C、B、A级和职业级教练员的培训指定教材。作者延斯·邦斯博和麦格尼·莫尔都是国际上享有声誉的运动与训练科学专家，他们通过这套丛书带来了当前国际足球体能训练、足球运动营养、足球运动生理学领域的先进理论和丰富实践经验的总结。中国足协推荐这套丛书的主要目的，就是要为各级教练员提升科学训练水平赋能，这样才能打造体能强健、技艺精湛、作风顽强、能打硬仗、为国争光的各级国家足球队，实现足球振兴的目标。

我相信，这套丛书将成为各级教练员必备的执教工具，广大的球员也将因此收获更卓越的竞技表现和更好的健康发展，正所谓“工欲善其事，必先利其器”。

体能筑基，科技强足。衷心祝愿大家学以致用，洋为中用，为中国足球培育更多的精英人才！

中国足球协会秘书长

2020年9月11日

前　言

本书是足球体能训练6本系列丛书中的最后一本。这些书和YO-YO测试包共同组成考取AFC（亚足联）执照的基础学习课程，可参加C、B、A及专业级别的教练员或体能教练的考试。

我完全相信知识可以提高足球运动员的成绩，作为欧洲各顶级球队的顾问，以及我于2001—2004年在尤文图斯足球俱乐部做助理教练和在丹麦国家足球队重大比赛中的助理教练的经验也告诉我科学知识的价值，不仅是我这样认为，亚历克斯·弗格森（Alex Ferguson）先生在很多年前的一次采访中也说道："毫无疑问，运动科学是我们一生中最大也是最重要的改变。"

这本书给运动员和教练提供了营养方面的简单指导和科学理论，优化足球训练和比赛效果。书里没有神奇的食谱或食物，但是有很多饮食方式可以满足所有级别的运动员实现他们训练和比赛的特殊目标，而且不用放弃享受美食的快乐和社交餐饮活动。我的经验显示，有两样东西会对运动员实现好成绩有所裨益：对比赛做好万全准备的自信和正确的食谱。

我想借此机会感谢这些书的共同作者迈格尼·莫尔（Magni Mohr）和杰斯珀·安德森（Jesper Andersen），感谢他们根据科学知识和重要的实践经验做出的宝贵贡献。同时感谢国际营养专家罗恩·莫恩（Ron Maughan）教授，为我们这本书提供宝贵的资源。

祝好运并用餐快乐！

延斯·邦斯博

Jens Bangsbo

目　录

引 言

饮食是我们日常生活的一部分，影响着我们的健康和行为。因此，有必要思考正确选择饮食及其带来的益处，如保持理想的体重，促进训练期和训练间歇的恢复，优化训练效果以及减少创伤和疾病的风险。然而，很多运动员的日常饮食并没有满足其营养需求，其原因有很多，包括对食物、饮料和运动营养的认知不足，外出购物或就餐时的选择不佳，烹饪技巧不足，良好的食物和饮料供给有限，资金不足以及生活忙碌导致没有充足的时间购买或消费适当的食物等。通常情况下，运动员会通过服用补充剂来弥补自己身体的营养需求，并且认为这样就可以满足自身需求，但事实并非如此。如果忽视了优质食物选择带来的益处，那么努力训练是没有意义的。

本书将涵盖所有与足球营养有关的重要方面。首先介绍训练和比赛中的能量需求，提供日常和准备比赛期间的饮食建议。其次将介绍饮食中的宏量营养素。例如，蛋白质的摄入非常重要，需要得到球员们的重视；在训练前、训练期间和训练之后，关于如何减少碳水化合物摄入量的最新建议，这可能对于运动员适应训练有积极的帮助。矿物质和维生素是饮食的重要组成部分，它们的一些重要作用将在书中阐述。由于环境因素如海拔、热环境等也会影响球员的表现，书中还将介绍某些情况下如何合理使用补充剂提高球员的表现。最后对特殊群体，如青少年运动员、女运动员和素食者等也提供了一些建议。

1. 训练和比赛中身体代谢的需求

在为运动员提供营养策略时，重要的是了解运动员在比赛和训练中的能量需求，以及比赛和训练中利用哪些营养素。有研究检测了运动中的行为变化和生理反应，特别是需求最高的活动和时期，值得关注的是运动员在比赛和训练中的身体需求的个体差异，这些差异不仅与球员的训练状况和比赛位置有关，而且还与运动员的具体战术角色有关。本章主要针对高水平男女运动员的运动需求方面的认知进行讨论，并为精英级和非精英级球员的训练提供建议，这是决定运动员营养策略的基础。

比赛活动

对于一名顶级的男足运动员（除守门员外）来说，比赛中的典型跑动距离是10～13公里，女运动员的比赛跑动距离比男运动员少1公里。对于业余选手来说，典型跑动距离是6～7公里。运动员大部分的跑动距离是在进行步行和低强度的跑步，所需能量有限，因此高强度运动时期的产能则更为重要。因此，高强度运动能将高水平运动员与低水平运动员区分开。计算机化的时间运动分析显示，国际顶级选手的高强度跑步距离比低水平的职业选手高28%（2.43公里：1.90公里），短跑距离高58%（650米：410米，图1–1）。需要强调的是，高强度跑步距离记录中不包括消耗能量大的活动，如短距离加速、铲球和跳跃。铲球和跳跃的次数取决于个人比赛风格和在球队中的位置，高水平运动员的铲球和跳跃次数分别为3～27次和1～36次。

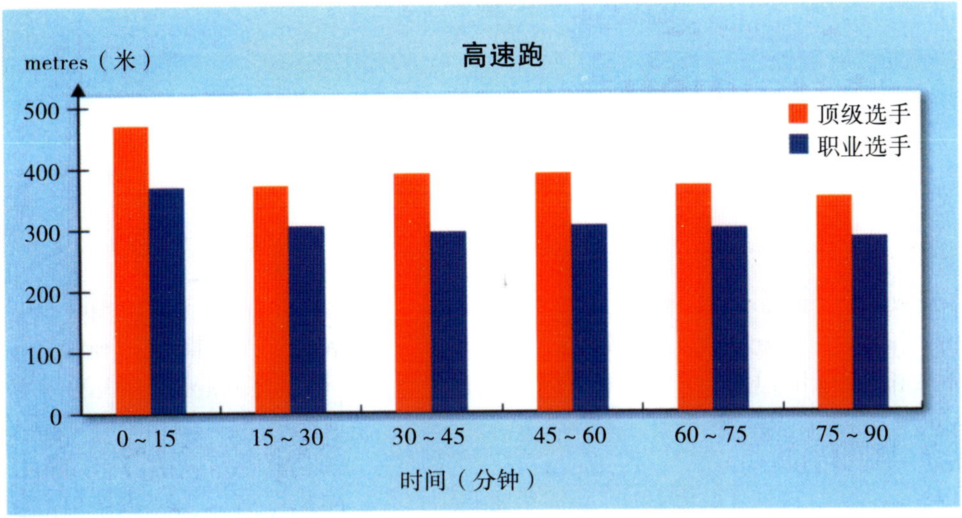

图1-1

时间-运动分析显示，国际顶级选手（红柱）的高强度跑步距离比低水平的职业选手（蓝柱）高28%（2.43公里：1.90公里），短跑距离高58%（650米：410米）。

因在队伍中所处的位置不同，所以对球员身体素质方面的要求存在很大的个体差异性（图1-2）。与其他位置的球员相比，中卫球员的跑动总距离和高强度跑步距离更短，这可能与中场球员的战术角色以及他们的需求相对较低的体能有关。后卫球员的高强度冲刺距离很长，但是他们的头顶球和铲球往往比其他位置的球员少。前锋球员的高速跑步距离相当于后卫球员和中场球员的总和，但是他们比中场球员和防守球员跑得更快，且前锋球员的短跑距离相比防守球员和中场球员明显更短。因此，当代顶级前锋球员需要更高的能力才能在一场比赛中反复进行高强度运动。中场球员铲球和头顶球的数量与中卫球员和前锋球员一样多，他们跑动的总距离和高强度运动距离也和所有后卫球员和前锋球员一样，但是他们较少进行冲刺。

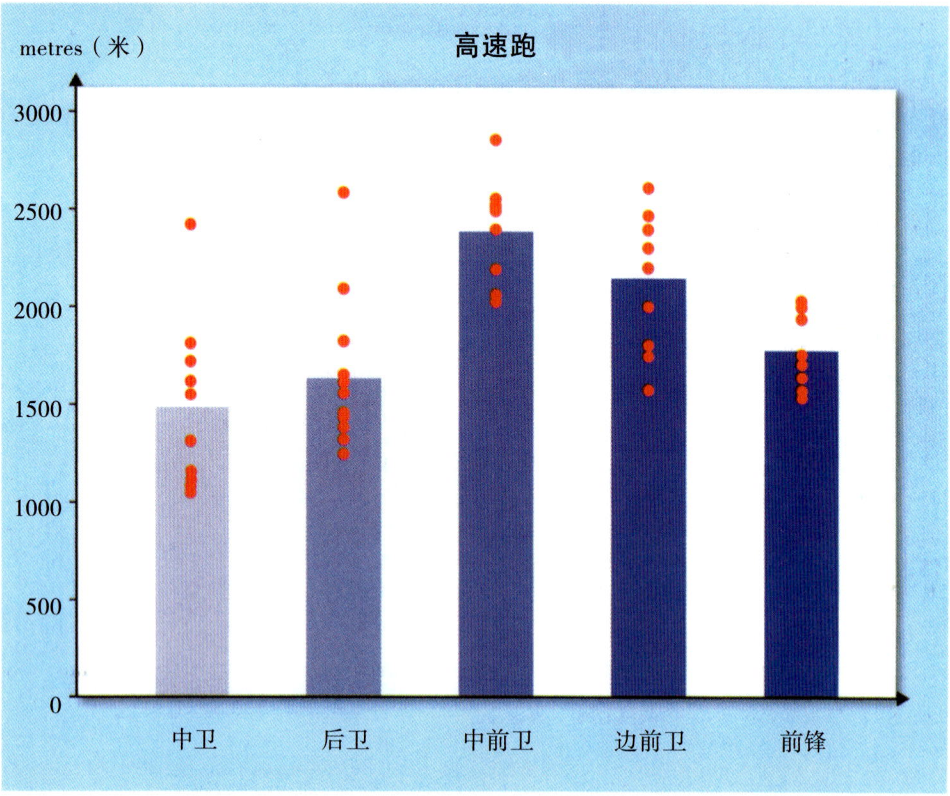

图1-2

职业球员高速跑的距离与比赛中所处的位置有关，图中显示了处于相同位置的球员之间存在的个体差异，不仅在不同位置的球员之间存在明显差异，相同位置的球员之间也存在明显差异。

个体差异不仅与团队中的位置有关，并且在每个比赛位置上，由于战术角色和体能不同，球员的身体需求也存在明显差异。例如，在同一场比赛中，一名中场防守球员的跑动总距离为12.3公里，其中3.5公里为高速跑距离，但同时另一名中场防守球员的跑动总距离和高速跑距离分别为10.8公里和2.0公里。因此在制定训练计划和营养策略时，应当考虑个人的比赛方式和身体表现的差异。

足球运动中的能量供给

足球是一项间歇性运动。在顶级比赛中，球员有氧供能系统的平均心率和峰值心率分别达到最大值的85%和98%（图1–3），平均吸氧量相当于最大吸氧量的70%左右，这相当于一个中等训练程度的长跑运动员在跑马拉松一样。

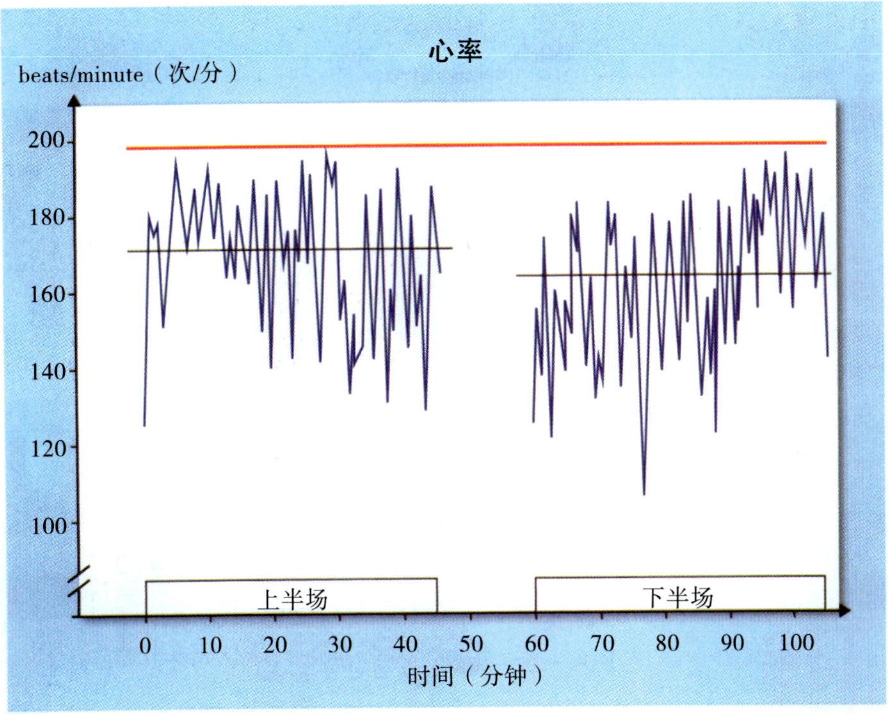

图1 3

某职业球员比赛中的心率，红线表示最大心率，黑线表示平均心率，比赛中的大部分时间心率都高于170次/分。

顶级球员在一场比赛中会进行150 ~ 250次短暂而激烈的动作。这些活动的部分能量来自肌肉中磷酸肌酸的分解，它们大部分会在随后的低强度运动中重新合成。另一部分无氧能量的来源是肌肉中碳水化合物（糖原）的分解，导致激活的肌肉纤维中产生乳酸。一部分乳酸会离开肌肉进入血液，休息时血乳酸浓度约为1mmol/L，在比赛中血乳酸浓度通常为2 ~ 10mmol/L，个别情况会超过12mmol/L。血液中的高乳酸浓度说明通过分解糖原产生无氧能量的速率很高，比赛期间肌肉中的高乳酸浓度证实了这一点。

运动员在比赛期间的身体需求存在很大的差异，
这与运动能力以及在团队中的战术位置有关。

足球比赛中供能物质的利用

为了给球员们提供营养策略，了解足球比赛中各种营养素的利用程度是很重要的。

碳水化合物的利用

碳水化合物是比赛中产生能量的关键燃料，其以糖原的形式储存于肌肉（300～600g）和肝脏（约100g）。比赛期间，肌糖原不断被消耗，储量明显下降，一些运动员的肌糖原在比赛结束时可能处于较低水平（图1–4）。

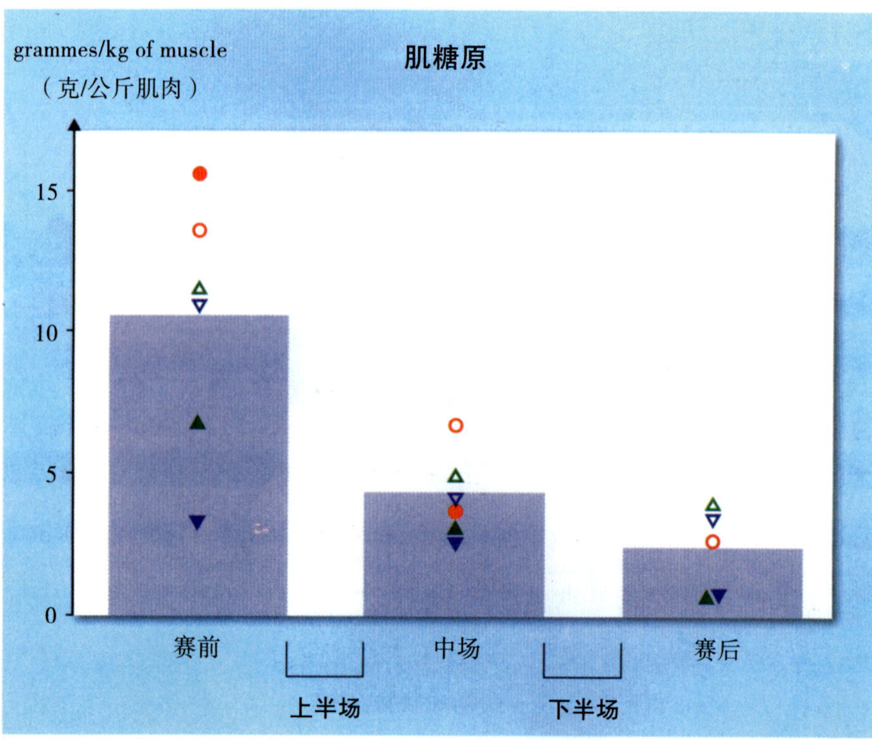

图1–4

赛前、中场、赛后球员的平均肌糖原水平和个体肌糖原水平。比赛结束时球员的肌糖原水平很低。

尽管仍有糖原存在，但是许多肌纤维中的糖原已经被消耗或几乎耗尽了（图1–5）。

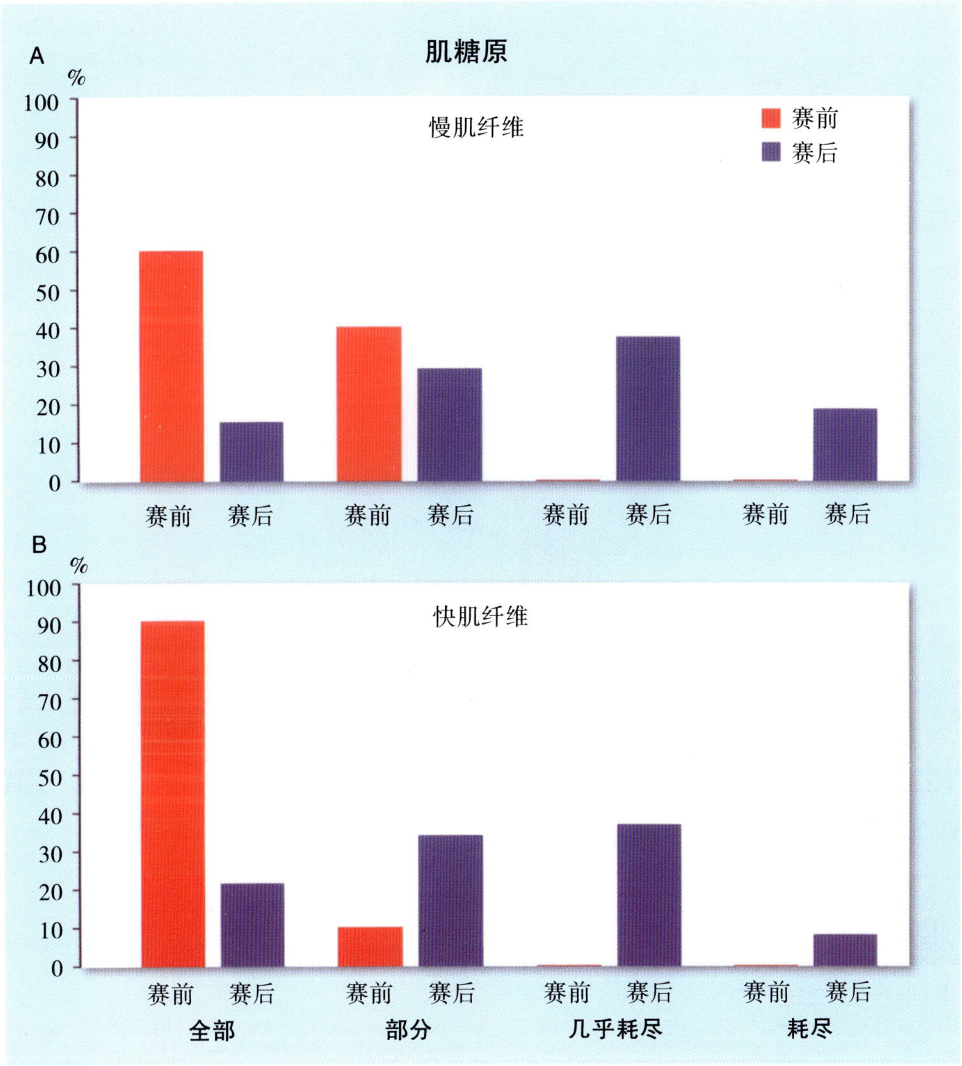

图1–5

比赛前（红柱）和比赛后（蓝柱），慢肌纤维（A）和快肌纤维（B）中的肌糖原含量。比赛结束时，两种肌纤维都有一半的肌糖原已经被部分或完全消耗。

在运动期间，肝脏向血液中输送葡萄糖，虽然在比赛期间没有摄入碳水化合物，但是血糖浓度通常会在比赛期间升高，并保持高于比赛前的水平4~5mmol/L（图1-6）。然而，在某些情况下，血糖会在比赛结束时达到非常低的值（约3mmol/L），这时需要立即补充碳水化合物。

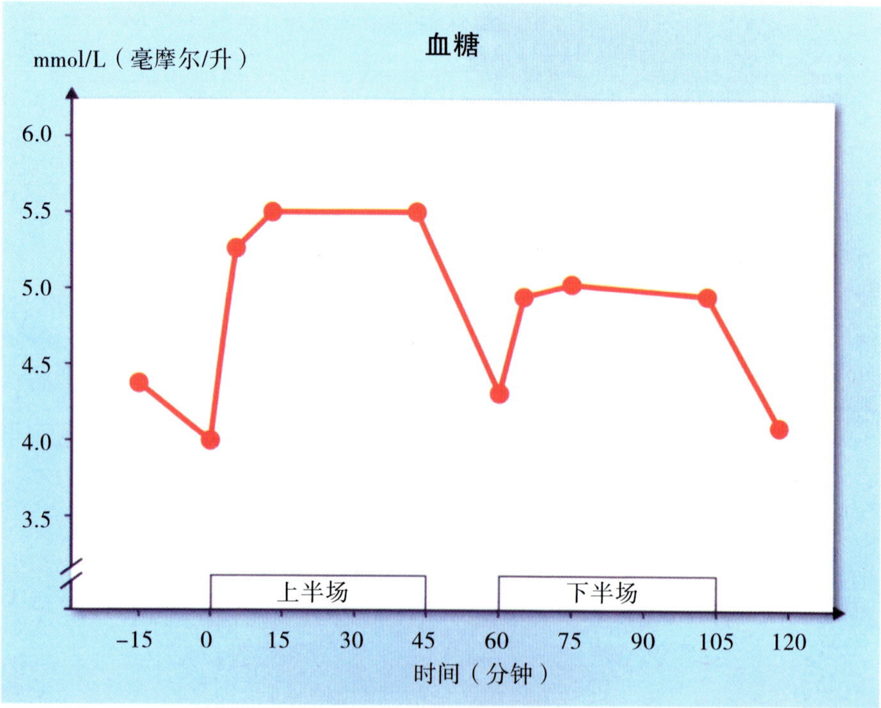

图1-6

比赛前、中、后的血糖水平。多数情况下，血糖水平会在比赛期间升高，而不会降到非常低的水平。

脂肪的利用

血液中的脂肪，所谓的游离脂肪酸，会在比赛过程中增加，并且在下半场增加更多（图1-7）。随着胰岛素的浓度降低和肾上腺素的浓度升高，激素的变化在游离脂肪酸水平的进行性升高中扮演重要角色。比赛中的频繁休息和低强度运动使大量血液流向脂肪组织，从而促进游离脂肪酸的释放，这也是游离脂肪酸浓度在比赛半程时和比赛结束后较高的原因。比赛中较高的游离脂肪酸浓度会促进肌肉对游离脂肪酸的吸收和利用，尤其是在比赛的恢复期。此外，由于肾上腺素的浓度升高，下半场比赛中肌肉的甘油三酯利用率也会逐渐提高（参见《足球运动与训练生理学》），因此通过这种方式可以补偿肌糖原的逐渐下降的影响，有利于维持较高的血糖浓度。

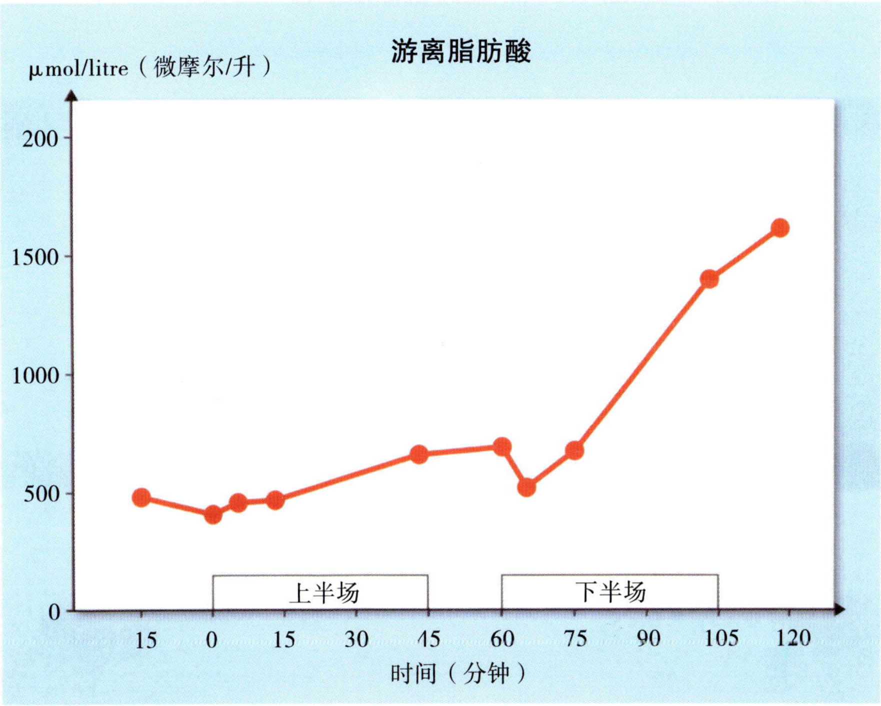

图1-7

比赛前、中、后血液（血浆）中游离脂肪酸浓度。游离脂肪酸浓度在下半场比赛进行性升高。

足球比赛中的疲劳

在讨论营养策略时将涉及的问题包括在足球比赛中是否会出现疲劳，以及是什么原因导致了疲劳。许多研究表明，无论球员在球队处于什么位置，球员在接近比赛结束时的高强度跑动出现明显下降，后卫和中场球员相比，前锋球员的短跑距离下降得更加明显。此外与赛前相比，球员在赛后的间歇性锻炼、跳跃和短跑的表现均有所下降（图1–8）。因此，在精英足球比赛和亚精英足球比赛接近尾声时，球员进行高强度运动的能力往往都会降低。

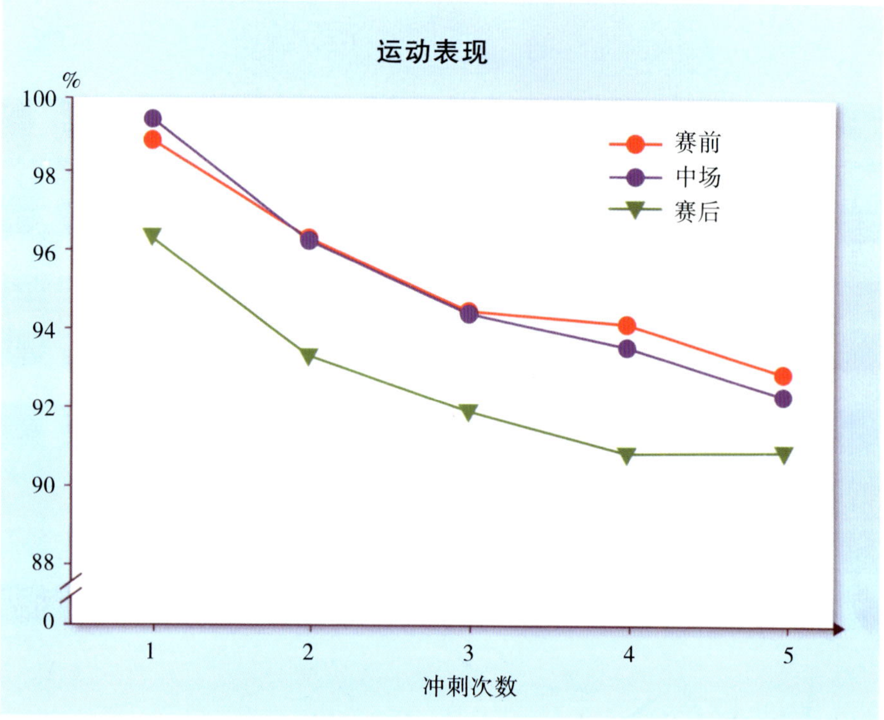

图1–8

比赛前（红色圆圈）、中场（蓝色圆圈）、比赛后（绿色三角）球员分别进行5次30米冲刺跑的表现（占最佳表现的百分比%）。球员的表现在上半场结束时没有变化，但在整个比赛结束后明显下降。

这可能是由于储存的糖原被消耗而导致的。即使是有少数肌纤维因疲劳而无法收缩，短跑能力的最大值也会降低，技术能力也会下降。因此，通过摄入碳水化合物来提高运动前肌糖原的储量可以提高长时间间歇性运动的表现（参见第4章）。

足球比赛中的短暂性疲劳

无论顶级的男足或女足球员，在运动最激烈时期过后，高强度运动量都会降低至比赛的平均水平以下，这可能是因为短暂性的疲劳。同样，在上半场的激烈运动期过后，运动员的短跑成绩显著下降，而在上半场结束时，运动员进行反复冲刺的能力则已经恢复（图1–8和图1–9），这可能是肌肉中磷酸肌酸浓度较低所导致的。因为在间歇性剧烈运动中，经过一段时间的肌酸补充后，肌肉中肌酸的含量已被证明有所提高。也有人认为在高强度运动中，疲劳的发展与肌纤维周围钾的堆积有关，刺激所谓的钠/钾离子（Na^+/K^+）泵（参见《足球运动与训练生理学》）可以减少肌纤维周围钾的积累。显而易见，运动员会在比赛过程中暂时感到疲劳。

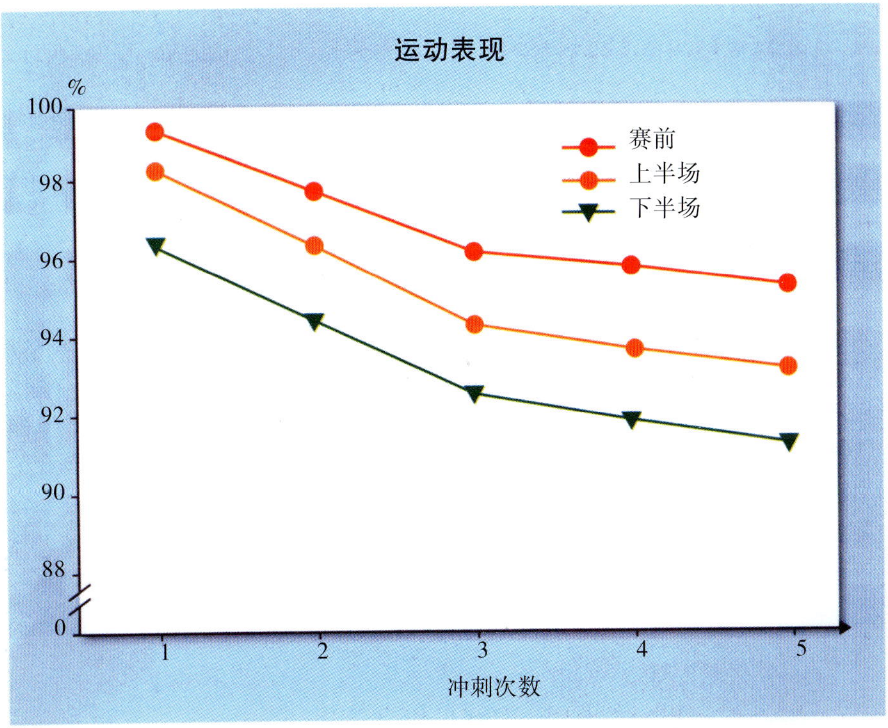

图1–9

比赛前（红色圆圈）、上半场激烈运动后（黄色圆圈）、下半场（绿色三角）球员分别进行5次冲刺跑的表现（占最佳表现的百分比%）。球员的表现在上半场已经下降，在下半场下降得更加明显。

运动员需要多少食物取决于总能量的需求。

训练负荷

在对比赛进行分析的基础上，训练的重点应是提高运动员进行高强度运动的能力和从高强度运动中迅速恢复的能力。这需要通过定期进行有氧和无氧训练（参见《足球有氧与无氧训练》）来实现，需要较高的能量转换。

职业足球队通常一周有一次比赛，球员们在这一周的5天有6次训练，其中一天有2次训练，比赛后的一天没有训练。如果在一周中有第二场比赛，球队通常会在其他时间里每天训练一次。然而，由于教练员的训练方法不同，球员的运动表现会有很大差异。表1–1列举了一个国际顶级球队在本赛季的安排。

表1–1 国际顶级球队本赛季一周一场（A）或两场（B）比赛的安排

A. 一周一场比赛	
星期日	比赛
星期一	自由活动
星期二	热身——15分钟 战术训练——30分钟 有氧高强度训练——23分钟 实战——15分钟
星期三	上午：力量训练——60分钟 下午：热身——15分钟 战术训练——30分钟 速度耐力训练——20分钟
星期四	热身——15分钟 战术训练——30分钟 实战——30分钟
星期五	热身/战术训练——25分钟 速度训练（长距离）——20分钟 有氧高强度训练——18分钟
星期六	热身/战术训练——25分钟 速度训练（短距离）——20分钟 实战——30分钟
星期日	比赛

（续表）

B. 一周两场比赛	
星期日	比赛
星期一	有氧低/中强度训练——30分钟 力量训练——30分钟
星期二	热身——15分钟 战术训练——30分钟 有氧高强度训练——10分钟 实战——15分钟
星期三	比赛
星期四	有氧低/中强度训练——40分钟 力量训练——30分钟
星期五	热身/战术训练——25分钟 速度训练（长距离）——10分钟 有氧高强度训练——20分钟
星期六	热身/战术训练——25分钟 速度训练（短距离）——20分钟 实战——30分钟
星期日	比赛

要获得关于球员运动负荷的信息，可以使用心率测定法。表1-2显示了3名丹麦球员在为2010年世界杯做准备的两周内所有训练过程的心率。在第一周和第二周训练期间，中场球员的平均心率分别为146次/分和143次/分，相当于最大心率的78%和76%，第一周内心率达到最大心率的90%～95%和95%～100%的时间分别为144分钟和12分钟，第二周内分别为135分钟和9分钟。第一周和第二周的平均能量消耗分别为7.6 MJ/d和7.5MJ/d（兆焦耳/日）。相比之下，前锋球员的相对平均心率（最大心率的70%以下）较低，在第一周和第二周期间的平均能量消耗分别为5.6 MJ/d和6.3MJ/d。个体在心率分布和能量需求方面存在巨大差异（表1-2），在规划个别球员的训练和营养策略时，应考虑到这种差异。

表1-2 2010年世界杯备战期间，丹麦国家队一名后卫、一名中场和一名前锋球员在两周内的训练频率、持续时间、心率反应和估计的能量消耗。球员的心率分布和能量需求方面有很大的个体差异

		训练课程数目（个）	每节课时间（分钟）	总训练时间（分钟）	平均心率（次/分）	平均心率占最大心率百分比	89%~90%最大心率区间（分钟）	90%~95%最大心率区间（分钟）	95%~100%最大心率区间（分钟）	每周能量消耗（MJ）	每天能量消耗（MJ）
后卫球员	第一周	9	83.5	751	143.1	71.9	76.9	31.3	10.1	42.9	6.1
	第二周	11	82.3	905	142.5	71.6	67.4	53.7	3.9	51.3	7.3
中场球员	第一周	10	85.3	853	146.4	77.5	156.3	143.5	11.5	53.4	7.6
	第二周	11	79.0	869	143.1	75.7	133.7	135.5	8.5	52.6	7.5
前锋球员	第一周	8	85.9	687	129.8	68.3	63.3	52.1	16.2	39.0	5.6
	第二周	9	80.9	728	136.0	71.6	104.4	60.1	21.9	44.4	6.3

一次体能训练课程的能量需求可能超过一次艰苦的比赛。

大多数认真严格的球员在一年的大部分时间中每周进行一至两场比赛，且在一周中的大部分时间都要训练，有时一天两次。训练的能量需求必须得到满足才能保持体能，防止过度疲劳。那些为了娱乐而偶尔训练的人显然不会面临同样的营养挑战。

总结

在足球运动中，球员进行间歇性运动时平均摄氧量约为最大摄氧量的70%。顶级球员在比赛中会进行150～250次短暂而激烈的动作，这时磷酸肌酸和糖原的利用率很高。肌糖原是产生能量的最重要的营养物质，接近比赛结束时的疲劳与某些肌纤维中的糖原耗尽有关。在比赛期间，血液中游离脂肪酸的水平逐渐升高，部分补偿了肌糖原的逐渐下降。数据表明，对于一名体重约为75公斤的球员来说，比赛的总能量消耗约为1800kcal（约5.5MJ）。水平较低的球员的总能量消耗略低，因为他们的最大摄氧量较低。

疲劳会在比赛过程中暂时出现，这可能与肌肉中的磷酸肌酸水平低或肌纤维周围钾的积累有关，但这会在随后的恢复期得到恢复。在比赛中，由于体能和战术角色不同，球员的生理需求存在很大的个体差异。同样，在训练过程中球员的运动负荷也存在很大的差异。对于能量摄入需求很大的球员，应在训练安排和营养策略中充分考虑这些差异。

复习题

1. 一名球员在一场比赛中的高速跑动距离有多远？
2. 在比赛中，团队中球员的位置如何影响总能量的使用？
3. 比赛中球员的平均心率是多少？
4. 比赛中球员的主要能量来源（营养素）是什么？
5. 比赛中球员血液中的游离脂肪酸浓度会发生怎样的变化？
6. 肌肉中储存了多少糖原？
7. 接近比赛结束时球员产生疲劳的原因是什么？
8. 比赛中球员产生短暂性疲劳的表现是什么？
9. 训练日和比赛日的能量利用情况是怎样的？

2. 宏量营养素

要达到最佳的膳食，其根本在于了解饮食中关键的营养成分。本章将对主要的宏量营养素及其生理功能进行介绍，如碳水化合物、脂肪和蛋白质。同时将对酒精、膳食纤维及水进行简要介绍。

碳水化合物

碳水化合物在膳食中有多种存在形式——单糖、双糖和多糖。单糖包括葡萄糖和果糖。双糖由两个单糖分子通过糖苷键形成，如蔗糖（白砂糖）由一分子葡萄糖和一分子果糖组成；乳糖由一分子葡萄糖和一分子半乳糖组成；麦芽糖是由两分子葡萄糖和多个糖分子（通常为葡萄糖）连接而成的长链大分子组成。多糖包括淀粉和纤维素。碳水化合物在很多植物中以淀粉的形式储存，比如谷类。纤维素也是由大量葡萄糖分子组成的聚合碳水化合物，是植物细胞壁的主要成分。与淀粉不同的是，纤维素很难被人体肠道消化，但它能增加粪便体积，促进排便，对人体肠道健康有着重要的意义。葡萄糖是人体许多组织的能量来源，尤其是包括大脑在内的中枢神经系统。在运动中，葡萄糖也是为肌肉提供能量的重要燃料。碳水化合物以糖原的形式储存在机体内，主要储存于肝脏和肌肉。1克碳水化合物可提供约4kcal能量。

常见的碳水化合物见表2-1，按血糖生成指数（GI）高低分为低指数食物、中指数食物及高指数食物。血糖生成指数是衡量食物中碳水化合物对血糖浓度影响的有效指标。高指数食物能使血糖迅速升高且血糖峰值高，而低指数食物可以使血糖平稳地上升，血糖峰值相对较低。通常情况下，碳水化合物会结合其他营养素同时摄入，也就是膳食搭配。营养素含量丰富的碳水化合物食物实例包括早餐谷物加牛奶、爆炒面条和配有肉和蔬菜沙拉的三明治。

表2-1　不同血糖生成指数的碳水化合物食物

高指数碳水化合物
● 低脂糖果（甜品/糖果） ● 蛋糕 ● 白砂糖 ● 果酱（水果涂酱）和蜂蜜 ● 运动饮料或软饮料，如可乐 ● 水果
中指数碳水化合物
● 早餐谷物 ● 热带水果或果汁 ● 白面包/黑面包
低指数碳水化合物
● 马铃薯 ● 谷粒，如燕麦 ● 蔬菜 ● 意大利面

所有类型的碳水化合物都能用于补充人体肝脏和肌肉的糖原储存。在运动后的前几小时中，摄入简单碳水化合物（通常为高指数食物）比摄入复杂碳水化合物（通常为低指数食物）能更快地进行糖原储存，但是复杂碳水化合物通常含有丰富的矿物质、维生素和纤维素，营养价值更高。因此在运动之后更适合摄入复杂碳水化合物。

蛋白质

蛋白质在人体内有着重要的作用，包括参与细胞结构组成，作为催化生化反应的酶，还有一些能合成激素。很多蛋白质既具有结构性作用，也具有功能性作用，如肌动蛋白和肌球蛋白（参见《足球运动与训练生理学》）能使肌肉收缩。蛋白质由氨基酸链组成，20种氨基酸几乎能组成所有的蛋白质，但其中有9种氨基酸不能由人体合成，因此必须从饮食中摄取。人体内每天平均有

0.5%的蛋白质会进行分解重组，这说明人体组织每隔6～8个月便会完全更新一次。而肌肉中的蛋白质每隔2～3个月更新一次，比平均速度更快。训练的主要目的之一就是打破肌肉蛋白质更新的平衡，即通过训练加速蛋白质的分解，以此促进其重新合成。因此，在训练后肌肉蛋白质为了适应新的平衡而发生改变是必不可少的过程。由蛋白质分解而成的氨基酸能组成新组织（如肌肉），也可用于修复旧组织或受损组织，同时也是激素和酶的组成成分。激素和酶具有调节新陈代谢和身体功能的作用，详见第5章。在运动中，蛋白质能为肌肉提供小部分能量。1克蛋白质能提供约4kacl能量。

脂肪

脂肪在人体中有许多功能。脂肪能储存能量，脂肪酸是肌肉细胞必不可少的能源，尤其是在进行中低强度运动时，且随着运动持续时间的延长，脂肪酸供能会变得愈加重要。脂肪也是细胞膜结构的重要组成成分，尤其是在神经细胞中。

脂肪的生理功能主要有吸收维生素A、D、E、K等脂溶性维生素，提供必需脂肪酸，保护重要器官以及保温，同时能带来满足感。脂肪能有效储存能量，1克脂肪能储存约17kcal能量。

脂肪分为饱和脂肪与不饱和脂肪。饱和脂肪在室温下呈固态（如黄油、人造奶油、动物油等），不饱和脂肪在室温下呈液态或半流态（如植物油、植物人造黄油、鱼油等）。不饱和脂肪是人体所必需的，它与饱和脂肪相反，能降低血液中的胆固醇，从而降低心脏病的发病风险。足球运动员膳食中的脂肪含量通常都很高（表2–2），一般建议降低脂肪的摄入量，同时应尽量用不饱和脂肪代替饱和脂肪。表2–3中列出的建议既能帮助降低膳食中的总脂肪摄入，同时也能降低饱和脂肪的摄入比例。

表2-2 英超联赛球员、荷兰成人专业球员及青少年球员赛期及训练日总能量（MJ/d）与宏量营养素摄入量（g/kg体重）

	英国		荷兰	
	赛期	训练日	成人	青少年
总能量摄入MJ/ d	16.0	12.4	12.4	12.6
碳水化合物（g/kg体重）	6.4	4.2	4.7	6.0
蛋白质（g/kg体重）	2.5	2.5	1.9	1.7
脂肪（g/kg体重）	1.4	1.2	1.3	1.2

表2-3 减少脂肪及饱和脂肪摄入的策略

限制薯条、薯片等油炸食物	以水煮或烤土豆代替
限制黄油的使用	以植物人造黄油代替
限制奶油、奶油蛋糕等食物	以低脂食物代替，如低脂酸奶
限制黄油及人造黄油在烘焙、煎炸中的使用	以植物油代替
限制肉类、调味酱汁及其他高脂食物的摄入	
限制全脂牛奶的摄入	以低脂奶或（最好是）脱脂奶代替

1克营养素的能量含量

碳水化合物：4 kcal（千卡）

蛋白质：4 kcal（千卡）

脂肪：17 kcal（千卡）

酒精

酒精（乙醇）不是人体必需的营养素。酒精除了能提供能量，还会像药物一样影响人体代谢和行为。虽然少量饮酒不会对人体造成伤害（至少对于有饮酒习惯的人而言），但急性酒精中毒还是会对身体的许多功能造成损害。

酒精的摄入应该以每克或每毫升酒中的酒精含量来衡量，或者以酒为单位，每单位酒含有约8克（10ml）酒精。表2-4列出了不同类型含酒饮料中的酒精含量。

表2-4　含有一单位（约8克）酒精的食物

500ml 标准低度数啤酒（2% 酒精）
250ml 标准度数啤酒（4% 酒精）
250ml 含酒软饮料或清爽酒
100ml 红酒或香槟
60ml 波特酒
25ml 烈酒（如威士忌）

酒精主要在肝脏中进行代谢，不同个体的酒精代谢率存在很大差异。酒精在人体中的氧化速度约为100mg/（kg·h），对于大多数人而言相当于每小时氧化一单位酒精。人们普遍认为，采用喝咖啡、洗澡等方式能帮助酒精中毒的人提高酒精从体内“清除”的速度，达到“醒酒”的目的，但事实上这些方法并没有效果。酒精会作用于人体的中枢神经系统，从而导致行动迟缓、技能减退，不利于行为表现。但目前还没有证据表明酒精与有氧运动能力存在剂量反应关系。

纤维素

纤维素是一种不能被消化吸收的碳水化合物，它们既不是营养素，也不是膳食中必需的部分。但摄入纤维素有益于维持肠道健康，且能产生饱腹感。可溶性膳食纤维能调节血液胆固醇水平，不可溶性膳食纤维能预防便秘及其他消化系统疾病。但过量摄入纤维素会影响维生素的吸收，如果没有同时摄入足量的水，反而还会引起便秘。纤维素主要存在于蔬菜和水果中。

水

水是人体最主要的成分，占体重的55%～70%（主要取决于体脂水平）。水是膳食中必不可少的成分。人在没有食物的情况下能存活很多天甚至好几周，但短期内缺水却会大大降低体力，在没有水的情况下人只能存活短短几天。

总结

食物中主要的营养成分有碳水化合物、脂肪和蛋白质，它们都是维持人体健康、保持良好状态所必需的营养素。酒也能提供能量，但它不是人体必需的营养物质。纤维素不是营养素，但它能帮助预防便秘。水在体重中占有很大一部分比例，人体中所有生命功能都离不开水。

复习题

1. 什么是血糖生成指数？
2. 碳水化合物如何分类？不同类型之间有何区别？
3. 脂肪的主要生理功能有哪些？
4. 饱和脂肪与不饱和脂肪的区别是什么？
5. 酒精在何处代谢？
6. 纤维素有哪些生理功能？
7. 每克碳水化合物、脂肪、蛋白质分别含有多少能量？
8. 一名70公斤的人体内含有多少水？

3. 训练和恢复所需的膳食能量摄入

本章为满足赛后和训练的营养需求提供了膳食建议，但首先，我们需要了解比赛后肌糖原的重建过程。

赛后肌糖原的再合成

已有一些科学研究着眼于足球赛后肌糖原的重建，所有研究均表明，肌糖原的重新合成是一个缓慢的过程，与其他运动相比，这一过程在足球运动员的运动表现中更加缓慢。因此，通常情况下肌糖原水平在赛后48小时内并不能完全恢复（图3–1）。

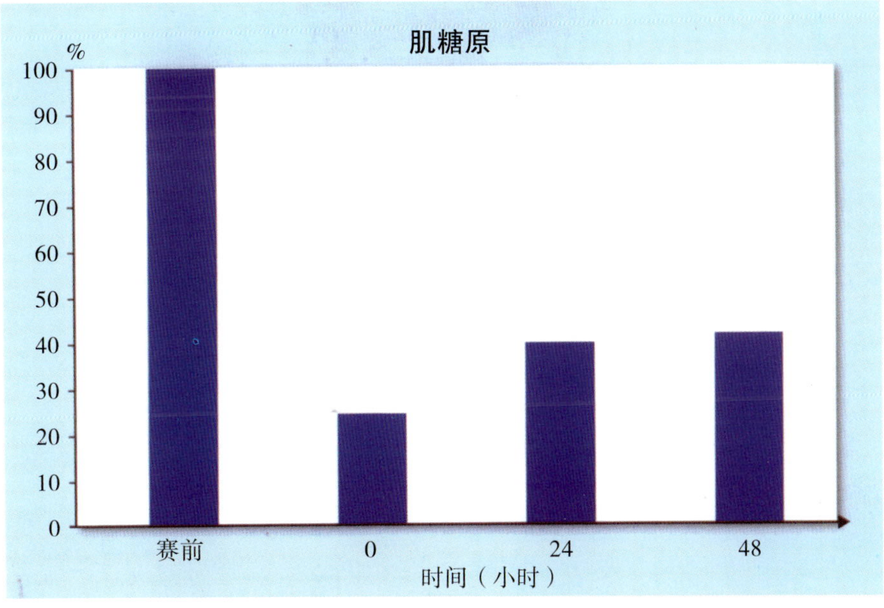

图3–1

赛前及赛后48小时内的肌糖原含量。糖原合成缓慢，肌糖原在赛后48小时内未能恢复到原来水平。

糖原的恢复重建在慢肌纤维和快肌纤维中都会发生（参见《足球运动与训练生理学》），但在一项针对半职业球员的研究中发现，快肌纤维内的糖原在赛后两天并没有得到完全的补充（图3-2），这意味着球员无法为赛后数天内的训练做好充分的准备。因此，赛后两天内应避免速度训练及速度耐力训练（参见《足球有氧与无氧训练》）。

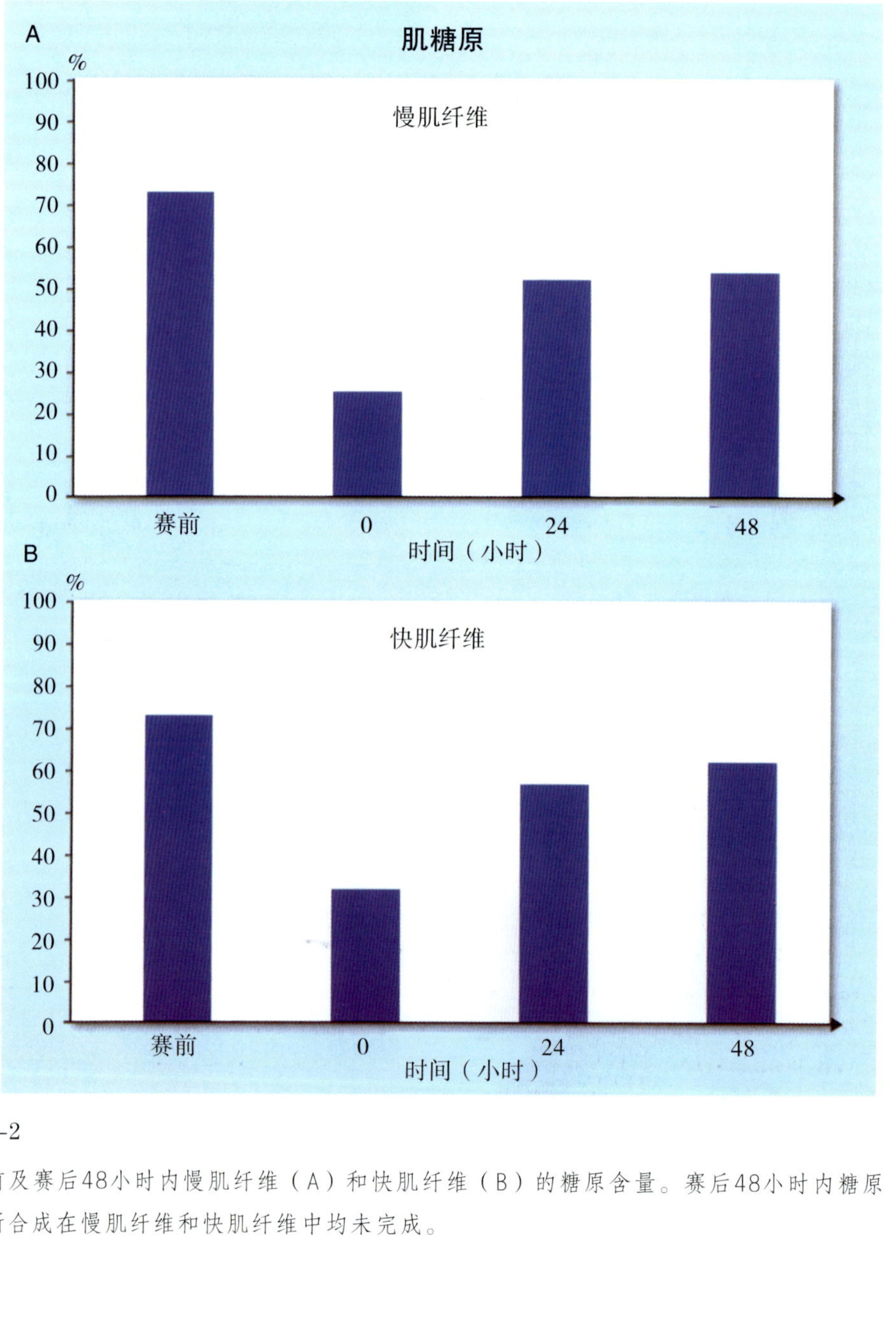

图3-2

赛前及赛后48小时内慢肌纤维（A）和快肌纤维（B）的糖原含量。赛后48小时内糖原的重新合成在慢肌纤维和快肌纤维中均未完成。

众所周知，跑步和骑行后摄入高碳水化合物膳食可以提高糖原的再合成率，但在足球运动中似乎并非如此。此外，有人提出，若将碳水化合物的摄入与蛋白质的摄入相结合，可通过增加胰岛素反应刺激肌肉摄取葡萄糖，从而增强糖原合成。然而，无论运动员摄入的是正常膳食、高蛋白质膳食，还是富含碳水化合物的膳食，赛后的糖原再合成率都是相同的（图3-3）。

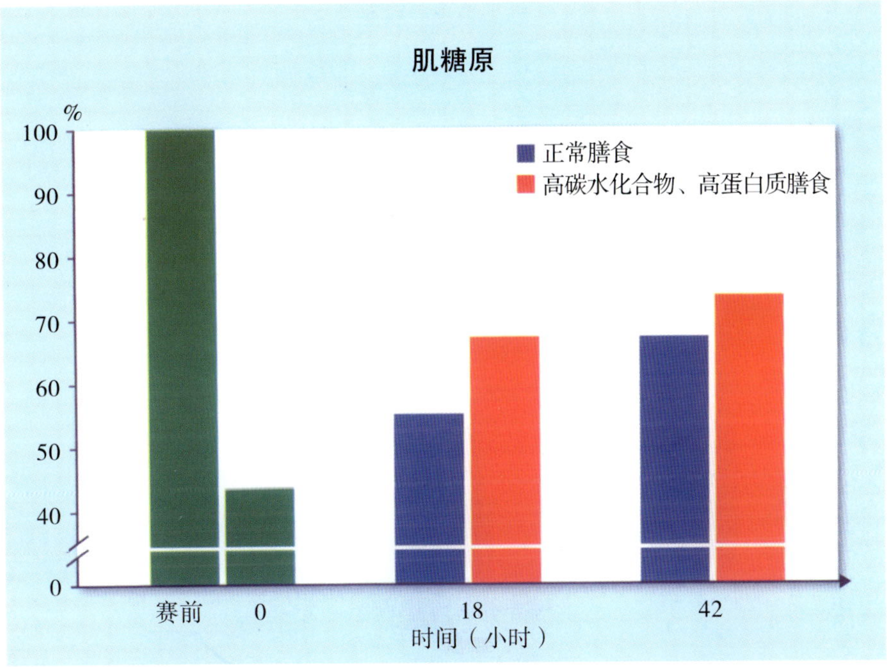

图3-3

比赛前后（绿柱）、赛后48小时内摄入富含碳水化合物和蛋白质的饮食（红柱）或正常饮食（蓝柱）的肌糖原含量。赛后肌糖原的合成是缓慢的，赛后摄入富含碳水化合物与蛋白质并不会使其明显加速。

有趣的是，赛后肌糖原的重新合成比预期缓慢，即使摄入富含碳水化合物及蛋白质的食物，球员也无法在赛后48小时内完全补充肌糖原储备。离心运动（参见《足球力量训练》）会显著损害运动后糖原的重建，而比赛过程中的许多身体活动，如急停和急转，都有一个高离心成分。另外球员之间的身体接触，可能会导致肌肉损伤和局部炎症，从而影响肌糖原的合成。相同的是，球员经常在赛后数天内出现明显的肌肉酸痛和表现不佳。比赛的持续时间可能也会对肌糖原的合成有一定影响，因为很多肌纤维的糖原在比赛接近尾声时会被耗尽。为了研究这些影响因素，我们利用哥本哈根足球测试进行了不同时长的模拟比赛，用来比较其对赛后糖原合成的影响。结果显示，90分钟模拟比赛后的肌糖原合成率与竞技比赛后观察到的相似，且高于60分钟模拟比赛（图3-4）。因此，肌糖原的重新合成似乎与比赛中的特定活动无关，如身体接触或比赛时长，但比赛中高强度的间歇性运动如急转和冲刺跑可能会对其产生巨大的影响。然而，摄入高碳水化合物的膳食是很重要的，可以避免由于碳水化合物的缺乏而造成的肌糖原重建过程受限。

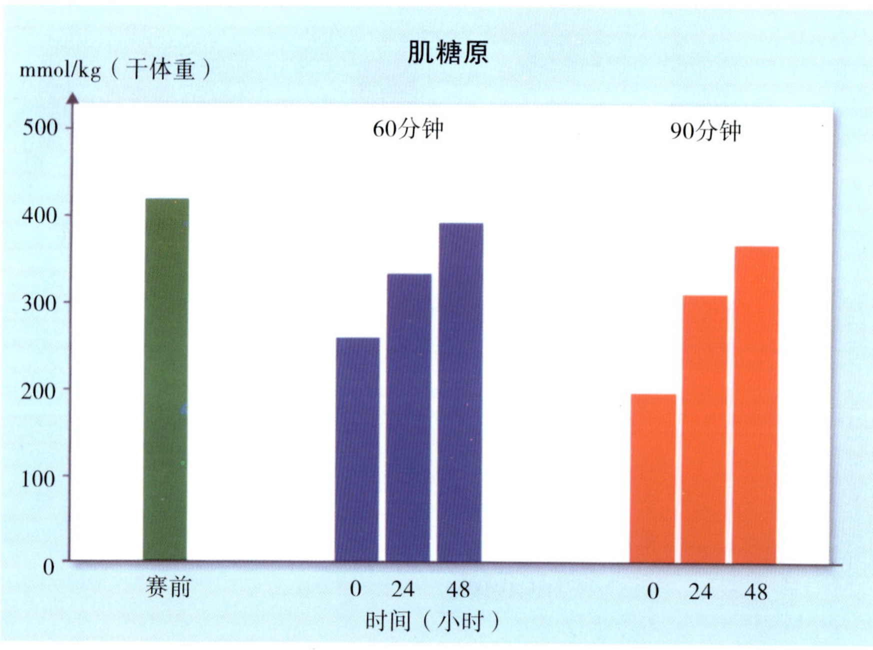

图3-4

赛前（绿柱）、60分钟模拟比赛后的48小时内（蓝柱）、90分钟模拟比赛后的48小时内（红柱）的肌糖原含量。在模拟比赛结束48小时后，肌糖原的储备并未完全补充。

优化肌糖原水平

碳水化合物是身体活动的重要“燃料”，但是身体内的储备只能满足一天的高强度训练。因此，运动员需要充足的碳水化合物为他们的训练提供能量，并在赛后和训练期间促进肌糖原储备的恢复。碳水化合物的目标需求量的设定应基于球员的体型及训练计划的需要，且必须根据总能量需求和特定的训练目标进行调整。根据训练和比赛的表现反馈评估能量是否充足是非常重要的。在随后的训练及比赛中，碳水化合物摄入不足会导致早期疲劳。

对碳水化合物摄入量的指导建议不应以其占膳食总能量摄入的百分比为标准，例如，碳水化合物的摄入量应占摄入总能量的50%。这样的推荐对于大多数运动员是很难遵循的，因为他们需要同时确保碳水化合物和能量的摄入量。能量摄入特别高或特别低也会误导运动员。碳水化合物的推荐摄入量应该以g /（kg · bw）〔克 /（千克 · 体重）〕和与活动水平的关系来表示（表3–1）。表3–2提供了一个示例，说明如何在一天内达到摄入约9g /（kg · bw）。

表3–1　碳水化合物推荐摄入量

	碳水化合物摄入量
训练刚结束时（0 ~ 4小时）	每小时每公斤体重约1克，频繁食用
当日中等持续时间，低强度训练	每天每公斤体重5 ~ 7克
当日长时间，中等强度训练	每天每公斤体重7 ~ 10克
当日有两项高强度训练	每天每公斤体重10 ~ 12克

表3–2　示例：一日富含碳水化合物饮食提供约600克的碳水化合物，即体重70公斤的运动员约9g/（kg·bw）

	食物摄入量
清晨	150g=2杯加牛奶的麦片+250ml果汁+1根香蕉+2片厚土司+涂厚果酱
上午	50g=500ml软饮料或750ml运动饮料
午餐	150g=1个大面包卷+1个中号松饼（杯状蛋糕）+水果冰沙
零食	50g=200g风味酸奶+250ml果汁
晚餐	200g=3杯煮意面+2杯水果沙拉+2勺冰淇淋+500ml运动饮料
零食	30g=50g巧克力

在某些训练前，保持肌糖原处于最高水平是非常重要的。因此，应考虑碳水化合物的数量、种类和摄入的时间，以达到最佳的结果。如果球员一天要训练多次且想达到最佳的表现，那么在训练结束后立即摄入能够被快速吸收的碳水化合物就显得尤为重要，这样肌肉在训练后的反应性才是最佳的。这是由于胰岛素敏感性的增加，肌细胞表面葡萄糖转运蛋白的增加，以及肌细胞膜通透性的增加而导致的。因此，球员在比赛或训练结束后应尽快摄入含有可被快速吸收的碳水化合物的液体（高升糖指数）。研究表明，与大米和意大利面等吸收缓慢的碳水化合物相比，食用糖和玉米中的碳水化合物能更快地重建肌糖原。在早期恢复阶段，通过摄入一系列的零食来达到碳水化合物目标摄入量也是有一定促进作用的。有趣的是，观察结果显示，碳水化合物和肌酸同时摄入可加快糖原的重建（图3–5）。

如果球员一天只训练一次，那么碳水化合物摄入的时间和种类就没必要那么严格了，可以根据每位球员的实际情况和接受程度来制定。而碳水化合物是液态或固态摄入方式对于糖原的合成并没有影响。考虑到碳水化合物的消耗量，高碳水化合物食物需要在24小时内分解。

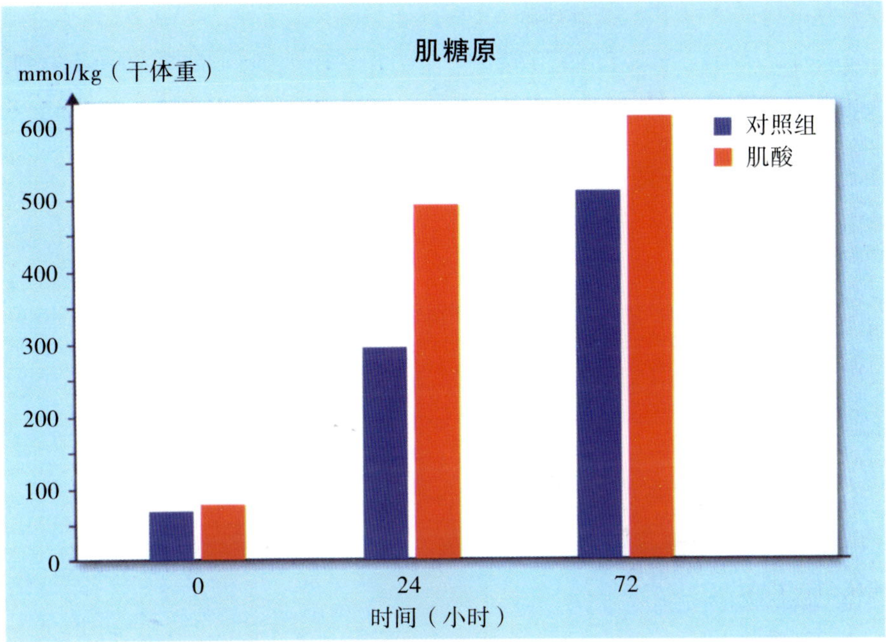

图3-5

运动后摄入碳水化合物并补充肌酸（红柱）、未补充肌酸（对照组，蓝柱），两种情况下的肌糖原含量。肌糖原的重建在补充肌酸时更快。

> 碳水化合物是身体活动的重要“燃料”，但是身体内的存量只能够满足一天的高强度训练。

选择营养丰富的碳水化合物食物并在恢复期的膳食中添加其他多种食物和零食对获取蛋白质和其他营养素是非常有益的。这些营养素可能有助于机体其他方面的恢复，如在碳水化合物摄入不足或无法经常补充零食时，蛋白质可以额外促进糖原的恢复。这些食物也是恢复期膳食的主要构成部分。充足的能量摄入对于肌糖原的最佳恢复也是非常重要的。一些球员，尤其是女性球员，刻意控制饮食的习惯会使其难以达到碳水化合物的目标摄入量及最佳糖原储备量。

如何提供适当的营养方案以满足晚间比赛结束后的营养需求是非常具有挑战性的。如果在比赛结束后还有一段回家的路程，情况便会更加复杂。忽视赛后碳水化合物的足量摄入会延长肌糖原恢复的时间，因此，在启程回家和睡觉前补充碳水化合物是很重要的。丹麦国家队经常使用的一种解决方法是比赛结束后在更衣室为每人准备一份意大利面，在出发前吃完。训练结束及赛后的零食是获取碳水化合物的一种简单方法，参见表3-3中零食举例。

表3-3 训练后或赛后的零食。每个例子提供大约50克碳水化合物以及一些蛋白质和其他营养物质

60g能量棒+250ml运动饮料
250～350ml水果奶昔或液体餐
200g酸奶+麦片/早餐棒
150g厚皮披萨——配料：精瘦肉和蔬菜及少量芝士
60g（1～2杯）早餐麦片+牛奶+水果、肉/芝士和沙拉三明治或卷+250ml果汁

影响训练及比赛后糖原合成速率的因素

- 因训练或比赛造成的损伤
- 碳水化合物摄入量
- 摄入碳水化合物的时间
- 摄入碳水化合物的类型

每周用餐时间安排

一般来说，球员每天应吃3顿正餐——早餐、午餐及晚餐。每餐摄入能量应占总能量的25%左右，但在白天训练时，训练后第一餐的能量比重应大于其他两餐，而剩余的总能量的25%可来自3餐间的2～3次零食。

在比赛前几日，饮食中的碳水化合物含量应适当增加。例如，若周日有一场比赛，那么在星期五及星期六的碳水化合物摄入量便可由平常的6～7克/（公斤·体重）增加至9克/（公斤·体重）。并且建议碳水化合物摄入的类型以复合碳水化合物为主，以便获取足够的矿物质和维生素。

赛后及训练后的饮酒行为

在赛后或训练后饮酒可能会产生许多不良影响，因为酒精会导致脱水，从而延迟身体机能的恢复。赛后过量饮酒也可能会让球员们丧失斗志，注意力分散，影响其做出正确的选择。通常情况下，过量饮酒会导致球员忘记合理膳食，且酒精会导致更多的出血，从而延缓损伤的修复过程。因此，在赛后饮酒之前的这一段时间内，球员应该吃一顿饭或一些零食来替代碳水化合物和蛋白质，而食物的摄入也有助于降低酒精的吸收率，从而降低醉酒率。

酒精中毒可能会让一些球员忘记遵循一些健康的恢复方法，比如对损伤处的适当处理，充足的睡眠或者最佳的饮食。在机体以恢复糖原储备为首要任务时，酒精可以代替饮食中的碳水化合物。当球员大量饮酒时，或者因宿醉在第二天睡觉时，对其他重要营养素的需求往往会被忽视。醉酒的球员常常造成事故、暴力或其他反社会行为等高风险问题，导致名誉受损和严重伤害等负面结果。

球员应该避免在比赛前一晚大量饮酒，不过对有饮酒习惯者来说饮用1～2杯应该没有负面影响。

改变饮食习惯

对于精英球员来说，训练负荷很大，比赛也都不轻松，每场比赛都是快节奏进行。精英球员所在的俱乐部通常会提供营养建议及支持，但球员大部分的餐饮并不在俱乐部内，因此球员在日常饮食中必须担负起满足自身营养需求的责任。然而球员的日常饮食中往往碳水化合物含量较低而脂肪含量过高（参见表2–2），尤其是在比赛集中、训练负荷大的时期。表3–4给出了如何增加每日碳水化合物摄入量的建议。

表3–4　增加每日碳水化合物摄入量的建议

热餐中多吃土豆、意大利面或米饭
多吃蔬菜 ● 热餐佐以生的或煮熟的蔬菜 ● 生菜作为两餐之间的零食或每餐额外的补充
多吃面包 ● 切厚片 ● 制作三明治 ● 热餐佐以面包
多吃水果 ● 作为两餐间的零食 ● 作为甜点 ● 与谷物同食

非职业球员

非职业球员不像职业球员一样可以得到膳食上的专业指导。一部分非职业球员只能自主决定食物的购买、准备、选择以及烹饪时间安排；另一部分则大多依赖于伴侣或者父母为他们准备饭菜。而准备饭菜的人，可能对于个体球员的严格的营养需求没有充足的认识。在工作的挑战、训练和比赛之间做到饮食需求平衡则是更加复杂的。这些球员需要自学运动营养的详细知识。星期三比赛的赛前餐可能需要在工作日吃，而且时间可能并不总是与午餐时间一致；如果不考虑工作因素，周末的比赛则可以遵循职业球员的时间和选择指南。非职业球员在饮水的时间、种类和补充量方面应遵循职业球员的饮水指南，且应该将失水量控制在体重的2%以内。

非职业球员的比赛和训练的安排可能没有专业球员那么密集，这意味着球员有更多的时间来补充被消耗的肌糖原。他们应该利用那些低强度训练或者不训练的日子来优先考虑营养方案，可以提前购物和做饭，并将食物冷藏或者冷冻起来作为工作日的赛前餐，或者是训练后及赛后的快餐。

尽管没有专业的膳食指导，大多数球员对他们的比赛仍十分投入，并且会尽一切努力来达到他们期望的水平。一般来说，球员需要改变的是他们的饮食习惯，让球员了解自己饮食习惯的一种方式是记录自己日常的饮食。此外，建议球员或者为球员准备食物的人能够阅读食品包装上的营养标签，因为标签中提供了该食物的营养成分和能量含量。

总结

食物中的碳水化合物是合成肌糖原和肝糖原的关键。控制运动量、运动类型、运动时间或碳水化合物摄入量是训练后和比赛前能恢复到最佳状态的关键。对宏量营养素的推荐摄入量不应以总能量摄入的百分比表示，而应该以每天每公斤体重需要摄入的碳水化合物的克数表示。

赛后恢复

- 应尽快进食碳水化合物以促进糖原储备量的恢复。
- 富含碳水化合物的饮料可以有效地支持糖原的重新合成，并补充体液的损失。
- 当出汗量非常大时，应在食物或饮料中加入食盐。
- 恢复计划的制定取决于此时距下一场比赛或训练的时间间隔。

复习题

1. 足球比赛后肌糖原的重建需要多长时间？
2. 赛后肌糖原合成缓慢的原因是什么？
3. 为什么运动后肌肉对葡萄糖的摄取特别敏感？
4. 哪些食物是碳水化合物的良好来源？这些食物的优点和缺点是什么？

4. 备赛期的营养

本章讨论的问题是如何在备赛期达到最佳膳食。首先将会介绍摄入高糖膳食对间歇性运动表现的重要性，以及如何通过比赛前几天的饮食让运动表现达到最佳状态。其次，本章将会介绍赛前以及整个赛期中的营养策略。

高糖膳食对长时间间歇性运动表现的影响

多年来，大家普遍认同在运动前几天摄入含碳水化合物丰富的饮食能提高长时间连续性运动的表现。为了评估高碳水化合物饮食是否同样能够提高足球运动特有的长时间间歇性运动成绩，针对8名丹麦职业足球运动员进行了研究。

该研究利用足球专项间歇性运动测试来反映运动表现。这项测试包括两部分，在第一部分测试中，球员根据标准方案在草地上进行45分钟的有球或无球站立、行走和变速跑，共计6856米。休息15分钟后，球员们进行第二部分测试。该部分测试是在跑步机上进行间歇跑（图4-1）。球员首先以不同速度进行7组5分钟的跑步（图4-1A），共完成了5677米。接着进行间歇跑，即高速跑15秒和低速跑10秒交替进行（图4-1B）。运动员需跑至力竭为止，测试结果就是他们跑过的总距离。测试期间的平均运动强度相当于最大摄氧量的75%左右，相当于比赛期间的平均强度（参见第1章，比赛活动、足球运动中的能量供给）。

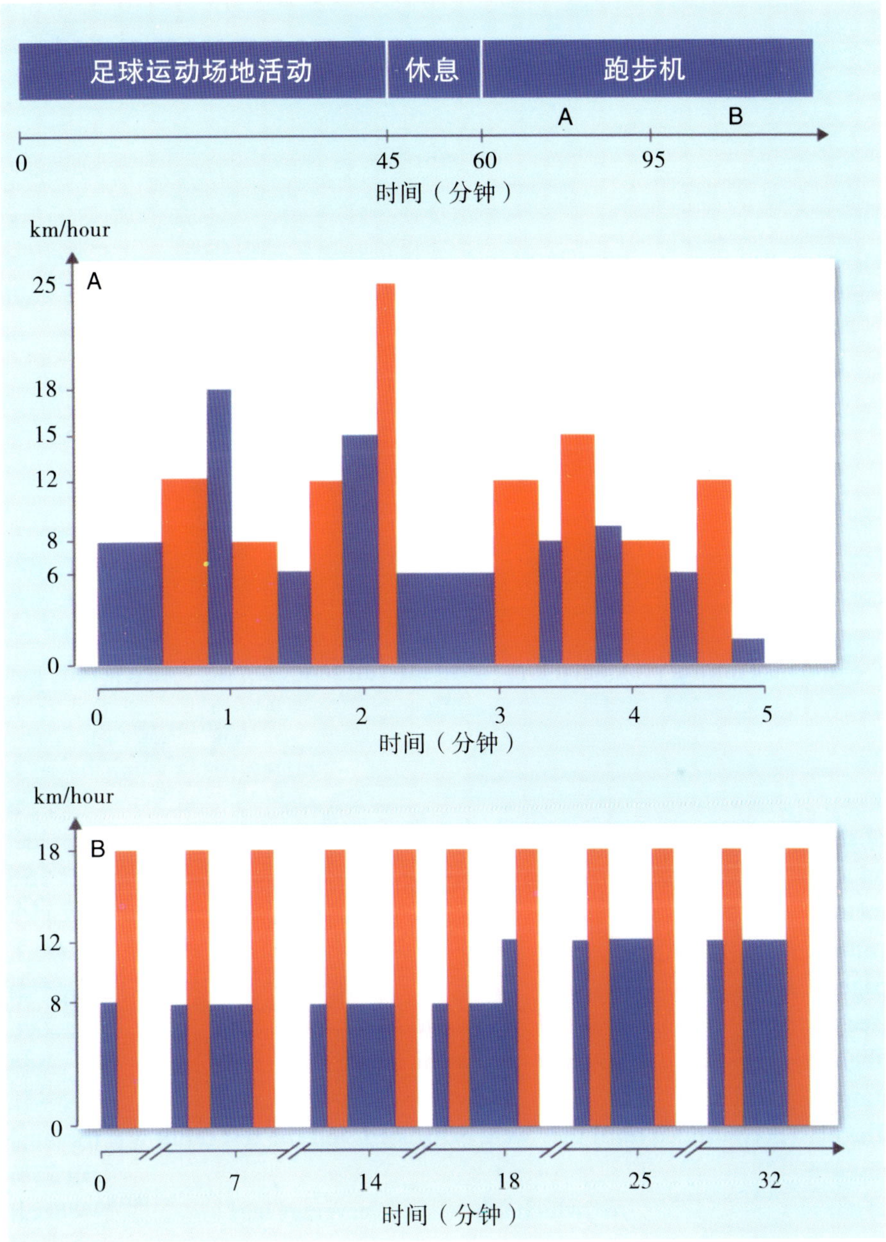

图4-1

用于评估膳食对丹麦职业球员运动能力表现的足球特有的间歇性运动测试方案。首先，球员进行45分钟的有球或无球的足球特有运动。休息15分钟后在跑步机上进行间歇跑。前35分钟进行7组5分钟的间歇跑（A），然后球员交替进行高速（8km/h）跑15秒和低速（18km/h）跑10秒，18分钟后，低速跑提速至12km/h（B）。球员持续如此运动直至力竭。

球员共进行两次测试，期间间隔14天。在一次测试中，运动员在进行测试的前几日摄入正常的饮食。而在另一次测试中，运动员在测试前几日摄入高碳水化合物饮食。两次测试都是在丹麦超级联赛结束比赛3天后进行的。为了控制食物的摄入，给每位运动员提供了一份食物选择清单，以及一份膳食指导用于说明该膳食用哪类食物。通过这些信息可以确定膳食中的营养素和能量的含量。图4–2展示了两种膳食中碳水化合物的相对摄入量。

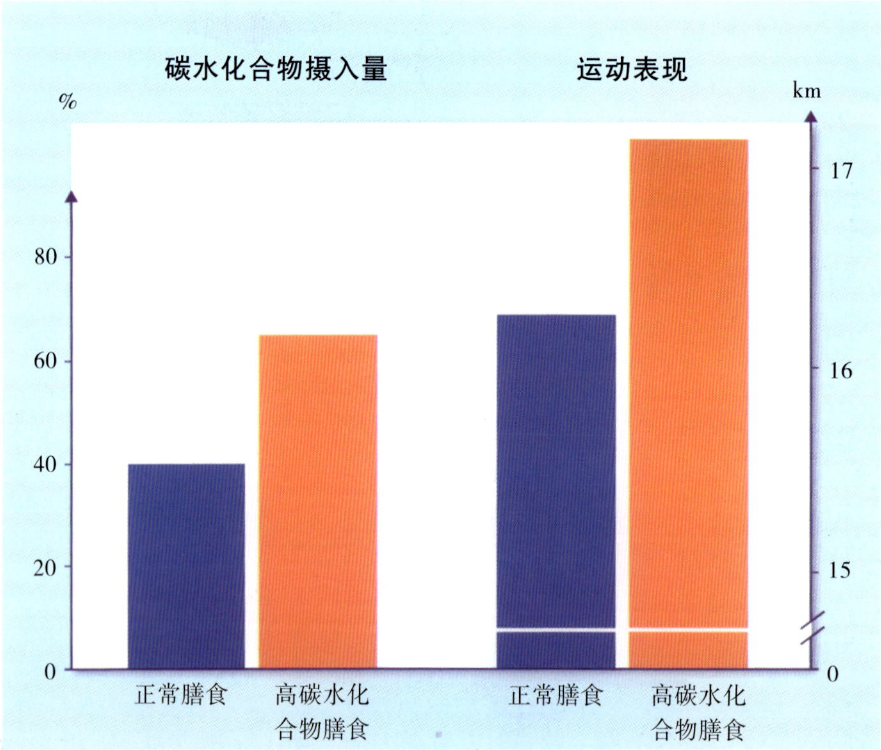

图4–2

如图所示，测试前（左）按正常膳食（蓝柱）和高碳水化合物膳食（黄柱）所摄入的碳水化合物的含量（以摄入总能量中的百分比表示），以及测试过程中运动员的平均跑动距离（右）。注意，运动员在摄入高碳水化合物饮食后能比摄入正常饮食后平均多跑1公里。

实验测试者在整个研究结束之后才能知道运动员到底摄入的是哪种膳食（正常饮食或高碳水化合物饮食），运动员也只有在两次测试都结束之后才能知道本次研究的目的。为了尽量减少其他来源的实验误差，运动员被随机分为两组，即在每次测试过程中，有一半运动员进行正常饮食，一半运动员进行高碳水化合物饮食。

研究结果显示，摄入高碳水化合物饮食的运动员比摄入正常饮食的运动员，平均多跑1公里（图4–2）。

个人成绩如图4–3所示。有3名运动员在两次测试中跑步距离几乎相同，但其他5名运动员在摄入高碳水化合物饮食后的成绩明显优于摄入正常饮食的运动员。因此，如果一场足球比赛，对大多数运动员而言，在进行长时间间歇性运动之前摄入高碳水化合物饮食则有利于提高运动表现。

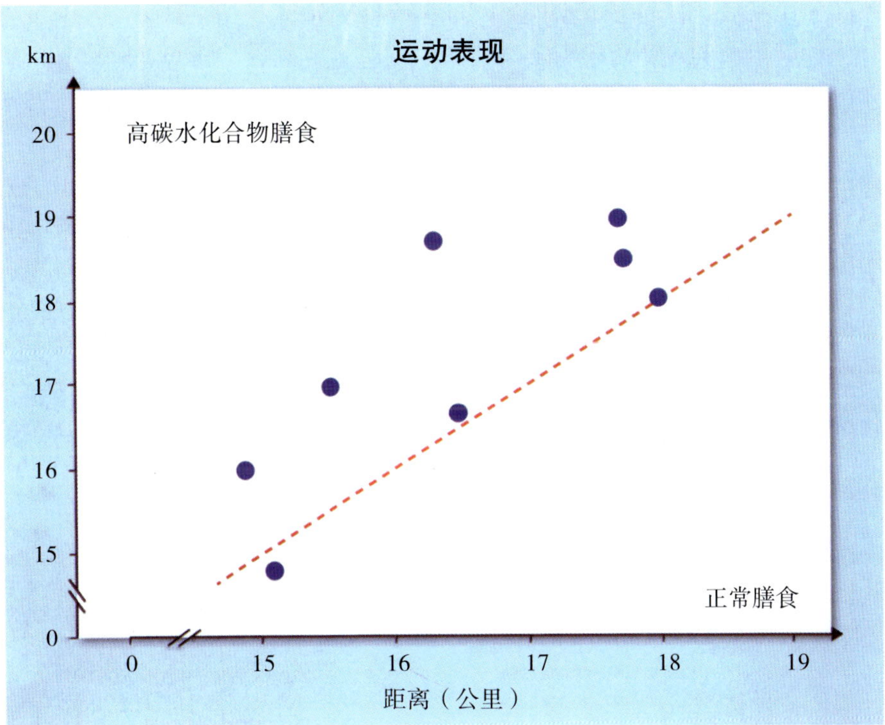

图4–3

图中比较了膳食研究中丹麦职业球员采用正常膳食（x轴）和高碳水化合物膳食（y轴）后在测试中跑过的距离。斜线之上的值表明运动员在摄入高碳水化合物膳食后能够跑更远的距离，其中5名运动员采用高碳水化合物饮食之后跑了相当长的距离，反之有3名球员在两次测试中运动的距离几乎相等。

继这项对职业足球运动员的研究之后，一些科学研究证明了高碳水化合物饮食能够提高长时间间歇性运动的表现。

赛前的碳水化合物储备

根据上一节内容，我们知道运动员可以通过在赛前增加肌糖原水平来提高运动表现。要增加肌糖原水平，一种方式是在赛前几天限制糖原的分解，这可以通过减少训练量和训练强度来实现，而另一种方式是摄入大量的碳水化合物〔8~10g/（kg·d）〕。

在赛前的几天，运动员对蛋白质、脂肪及大多数其他营养素的需求与平日无异；但要着重于体内水和盐的水平，以及在赛前饮用足量的水以保证在比赛当天早晨身体储备充足的水分。

> 碳水化合物是提供能量的关键营养素，在赛前以及比赛当天必须摄入充足的碳水化合物。

比赛当天的营养

比赛当天的营养与赛场表现密切相关，并且比赛当天不再需要关注健康饮食和平衡膳食结构。

比赛当天的饮食

碳水化合物作为供能的关键营养素，比赛当天必须摄入充足。脂肪与蛋白质（尤其是来源于动物性的食物）的摄入会降低碳水化合物的摄入，且消化时间较长，因此，在比赛当天需限制这些营养素的摄入。吃大块牛排的有益效果并不准确。事实上，这样的饮食反而会对运动表现带来不利的影响。比赛当天，摄入的食物应该与赛前的正常饮食保持一致，但要避免摄入过多的肉类或者种类过于丰富的食物。

比赛前的最后一餐应该和日常保持一致。关键是要在赛前约6小时内，通过高碳水化合物膳食提供1 ~ 4 g/（kg・bw）的碳水化合物，增加肝糖原和肌糖原的储备，促使比赛中的运动表现达到最佳状态。因此，食物中碳水化合物含量应较高，并且这些食物应低脂、低纤维，容易被机体消化吸收。运动员需要摸索出最适合自己的赛前饮食，不仅要为比赛提供充足的能量，抵抗饥饿，稳定肠胃，还要方便实用，使自己处于最佳状态。因此，运动员应该主动去发现哪些食物能帮助自己达到最佳运动状态，并坚持这种饮食。此外，赛前还要确保充足的水分摄入。

比赛前的最后一餐应该在开球前3 ~ 4小时食用。如果在进餐后有太多食物需要消化，那么在比赛开始时肠胃中会残留有未消化的食物。富含碳水化合物的零食（如涂有果酱的吐司）应该在赛前1 ~ 1.5小时食用。但是这些时间仅供参考，因为人与人之间对食物的消化能力差异很大，所以建议运动员自己在日常训练之前的不同时间摄入不同的食物作为探索。如果肠胃内残留有未消化的食物，容易影响比赛时的状态。血液集中在胃部和参与运动的肌肉中，会使大脑供血不足。这就是导致饭后立即运动或者锻炼都会感觉到头昏的原因。运动时消化食物的副作用还包括出现反胃、腹泻等症状。

理论上，赛前最后一小时内，摄入大量的碳水化合物有利于增加体内碳水化合物的储备。但也有不利的影响，大量的碳水化合物集中在胃部会刺激机体分泌胰岛素，胰岛素会促进机体组织吸收葡萄糖，逐渐降低血液中葡萄糖的浓度。当人处于静息状态时，这种变化能降低血糖浓度，对人体有利。但在运动中，高胰岛素水平则可能会带来一些问题。如果在运动时体内胰岛素浓度过高，会消耗掉大量葡萄糖，使血糖浓度大大降低（图4-4）。这会导致由于肌肉和大脑对葡萄糖的需要逐渐增大，最终耗尽，从而出现疲惫感。在赛前摄入大量碳水化合物也会使血液集中至肠胃，除了胃部过于饱胀带来不适感之外，由此导致的血容量的减少也会影响运动表现。因此，不应该在赛前最后一小时内摄入大量的碳水化合物，应改用低糖饮料代替。

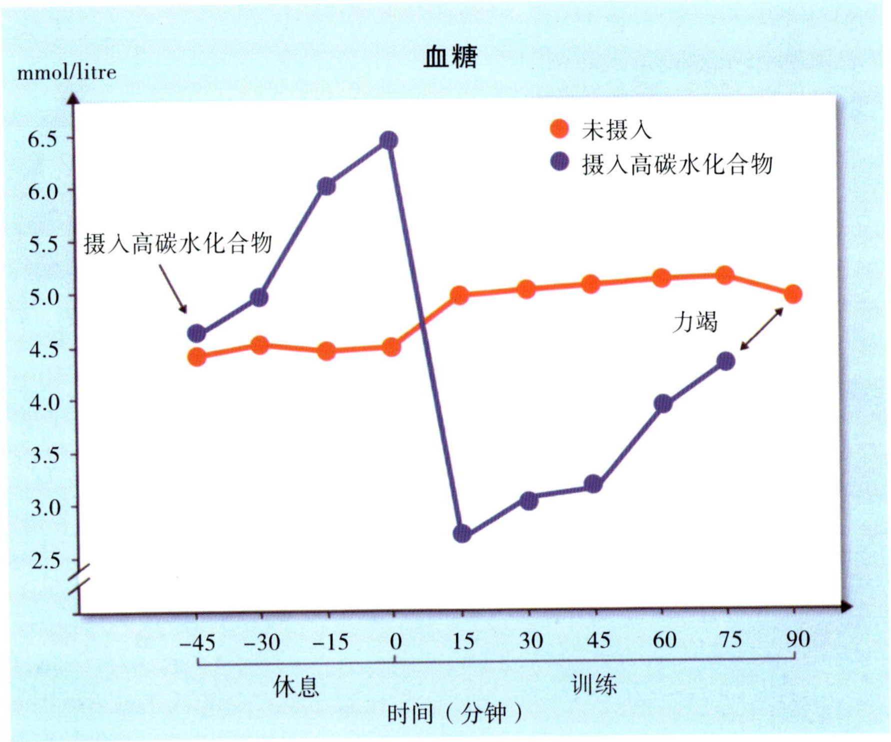

图4-4

图中显示在训练前45分钟摄入大量碳水化合物（70g）的效应。运动至力竭的时间是确定的，按在运动前摄入（蓝线）和未摄入（红线）碳水化合物两种情况，对运动前及运动过程中的血糖进行检测。注意，碳水化合物的摄入使得血糖水平在静息时升高，而在运动开始后显著降低。产生的影响是力竭感会提前到来。因此，在运动前摄入大量碳水化合物会有损运动表现。

赛前饮食：

- 高碳水化合物
- 易消化
- 低脂、低纤维
- 充足的液体

赛前饮食供给参见表4-1。

表4-1　赛前高碳水化合物膳食参考

早餐
●吐司配果酱/蜂蜜 ●早餐谷物配牛奶、新鲜水果（或水果罐头） ●水果酸奶 ●薄饼配糖浆 ●吐司配烘焙豆类或意大利面罐头 ●代餐粉或水果奶昔 ●果汁或运动饮料
午餐及晚餐
●意大利面配清淡的酱汁 ●面包，包括卷饼或三明治 ●饭菜类——意大利烩饭、炒饭、西班牙海鲜饭 ●水果或水果甜品 ●大米、布丁

表4-2列举了一些能提供约150克碳水化合物的食物，以一名体重为70公斤的运动员为例，其碳水化合物摄入量相当于2g/（kg·bw）。

表4-2　在比赛前可提供约150克碳水化合物的食物

●2.5杯早餐谷物＋牛奶＋香蕉（大）
●大份面包卷或3片厚土司＋厚涂蜂蜜
●4张薄饼＋半杯糖浆
●2碗米饭＋2片面包
●60g能量棒＋500ml代餐粉或水果奶昔

赛前饮水

赛前几小时内运动员会喝水或含碳水化合物的饮料。在比赛开始前60～90分钟内运动员应摄入约500ml液体，这样便能保证在赛前有充足的时间排尿。如果比赛过程中出汗量大且中途不能补水，运动员可以在比赛开始前15分钟内摄入300～600ml的液体。而女性运动员和青少年运动员应在此基础上适量减少饮水量。

运动员在赛前不能饮用过多的水，因为过量饮水可能会带来一些负面影响。因此，我们无法提供适合所有运动员的液体摄入量的精准指导。所有的建议都只是一个基础量，需根据体型进行调整。许多因素，如环境条件等，会影响液体的需求量。例如，天气炎热时，运动员应尽量避免在赛前几小时内暴露在室外高温天气下。

总结

在比赛前，需要尽量多地储存肌糖原和肝糖原。比赛当日应选择易消化、低脂、低膳食纤维的食物。饮食应该保持日常的习惯与规律。比赛当日可以不用再关注饮食是否健康或是否符合膳食平衡，关注点应聚焦于现场表现。同时也要保证充足的水分摄入。

复习题

1. 为什么高碳水化合物饮食能提高长时间间歇性运动的表现？
2. 在比赛前应该吃什么？
3. 赛前最后一餐在什么时候能被消化？请举例说明。
4. 在赛前最后几小时中应该吃什么？

5. 蛋白质的摄入

蛋白质被认为是运动成功的关键营养物质，人们一直相信一块牛排可以优化训练的效果。此外，运动员补充大量的蛋白质和氨基酸可以帮助他们增加蛋白质的摄入量，他们相信这有助于其增加肌肉。这并不是必要的，但在某些情况下，高蛋白摄入可能是有用的。本章将介绍蛋白质的需求，以及指导优化蛋白质的摄入。

每天的蛋白质需求量

当蛋白质被消耗时，例如，吃下去的肉或者蔬菜就会在肠道中分解为氨基酸。然后，氨基酸被血液吸收后分配到需要的组织中。

久坐人群每天的蛋白质需求量是0.8g/（kg·bw）。然而，对于正在训练的人，每天的蛋白质需求量可能会更高，如进行耐力和力量训练的人，建议每天的蛋白质摄入量为1.2～1.6g/（kg·bw）。因此，一些受过力量训练的运动员和健美运动员会消耗大量蛋白质，但没有证据表明，这样的饮食模式可以增强肌肉的质量和力量。尽管这类饮食不一定是有害的，而且很昂贵，也不能满足其他的营养目标，如提供足够的碳水化合物以优化训练和表现/成绩。

饮食调查显示，即使不使用蛋白质补充剂，运动员每天也经常摄入超过1.2g/（kg·bw）的蛋白质（参见第2章表2-2）。因此，大多数运动员不需要增加他们的蛋白质摄入量。更确切地说，不管何种能量消耗水平的人，营养丰富的食物都可以完全满足他们的蛋白质需求，包括大强度训练可能带来的肌肉增长。然而，可能有的运动员如果限制了自己的能量摄入，就有可能无法满足他们的蛋白质需求或者导致饮食缺乏多样性。更多关于蛋白质摄入时间的问题如下所述。

蛋白粉和补充剂

蛋白质补充剂、高蛋白棒、氨基酸制剂等都是畅销的运动营养产品。它们虽然对提供足够的蛋白质和肌肉生长与修复是必不可少的，但这些也可以很容易地从每天很少的食物和额外的蛋白质中获得。蛋白质碳水化合物复合补充剂也许对运动后的恢复有用，但是完整的蛋白质相对于单个的氨基酸是更有优势的。

训练后的蛋白质摄入

训练后摄入蛋白质可以产生积极的效果。研究发现，对于蛋白质负平衡受试者，摄入半升可可牛奶（相当于16/g蛋白质），可以增加肌肉收缩物质的合成速率（图5-1）。

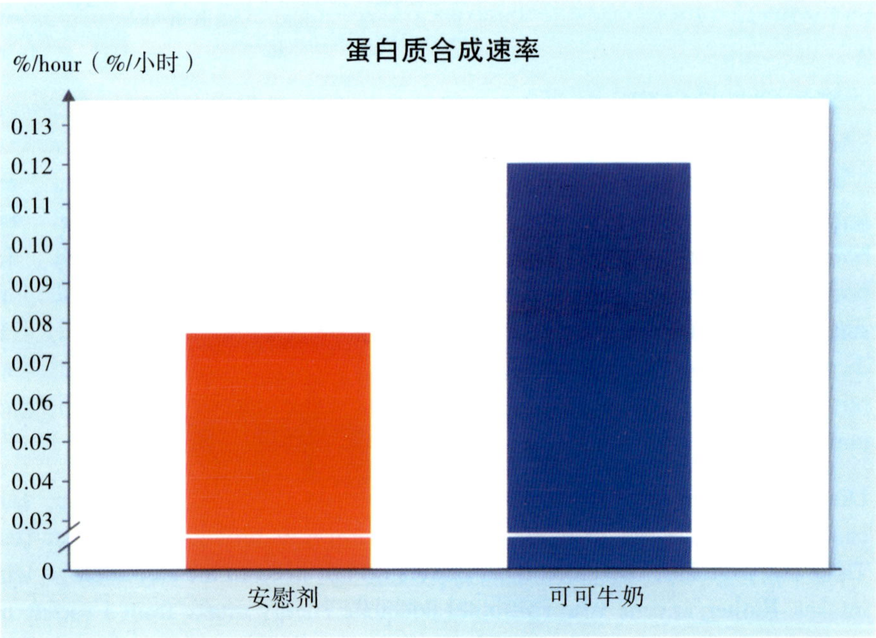

图5-1

训练后摄入可可牛奶（蓝柱）和不加蛋白质饮料（安慰剂，红柱）肌肉蛋白质合成的速率。

蛋白质摄取的最重要因素似乎是摄入的时间，而非摄入总量。在力量、无氧训练以及比赛中，肌肉中的蛋白质出现明显的下降和更替，在训练后消耗的蛋白质能促进肌肉的生长、修复和适应运动。看起来这主要是由于收缩蛋白的构建，而收缩蛋白依赖于蛋白质的摄入。例如，线粒体氧化酶中的蛋白质在训练后的第一阶段无需添加蛋白质就可以产生。

问题是摄入量的多少、摄入时间以及何种蛋白质容易被人体吸收。

蛋白质摄入的时间和剂量

这些蛋白质应该在训练结束后的30分钟内摄入，因为已经证明肌肉在运动后对蛋白质特别敏感。研究表明，10克蛋白质的摄入对蛋白质合成有积极作用，但20克蛋白质的摄入影响更大，而摄入更多的蛋白质似乎不会促进蛋白质合成。

最好能在运动后定期摄入足够的蛋白质。研究发现，力量训练后每3小时摄入20克蛋白质，要比每1.5小时摄入10克蛋白质和每6小时摄入40克蛋白质效果更好，比训练后第一个12小时内的蛋白质合成速率高出30%～45%（图5–2）。

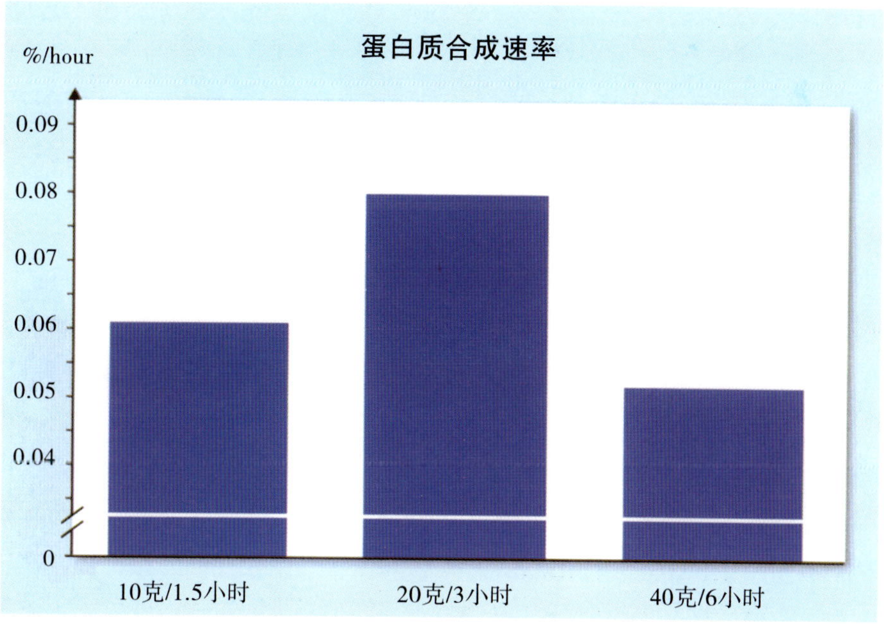

图5–2

在一次力量训练后每1.5小时摄取10克蛋白质，每3小时摄取20克蛋白质，每6小时摄取40克蛋白质的合成速率。注意，刺激蛋白质合成的最佳选择是在训练后每3小时，蛋白质摄取量为20克。

蛋白质类型

摄取的蛋白质类型也应考虑。乳清蛋白、酪蛋白和植物大豆蛋白等均为高质量蛋白质，此类蛋白质是提供人体蛋白质构建所需的重要物质。在增加蛋白质的形成和降低血液中的皮质醇水平方面，已证明乳清蛋白比酪蛋白更有效。此现象是由于高水平的皮质醇会导致蛋白质的降解，从而减慢肌肉发育。在力量训练的研究中发现，摄入乳清蛋白后增加了5公斤以上的瘦体重，而摄入酪蛋白仅增加了1公斤瘦体重。另一项研究显示，为期3个月的实验中，乳清蛋白比酪蛋白可以更有效地提高训练效果。同时，亮氨酸是一种重要的蛋白质，因为它具有激活蛋白质构建机制的作用。

值得注意的是，肠道中蛋白质的吸收率十分重要，同时该吸收率在不同人群之间会有很大的差异。为了加速训练后蛋白质的合成，在乳清蛋白产品中加入高含量的亮氨酸是适宜的做法。这种方法是最佳方案，因为亮氨酸在液体中的溶解速率快于固体形式。另外，氨基酸的摄取也取决于摄入的氨基酸和其他营养物质的组成。

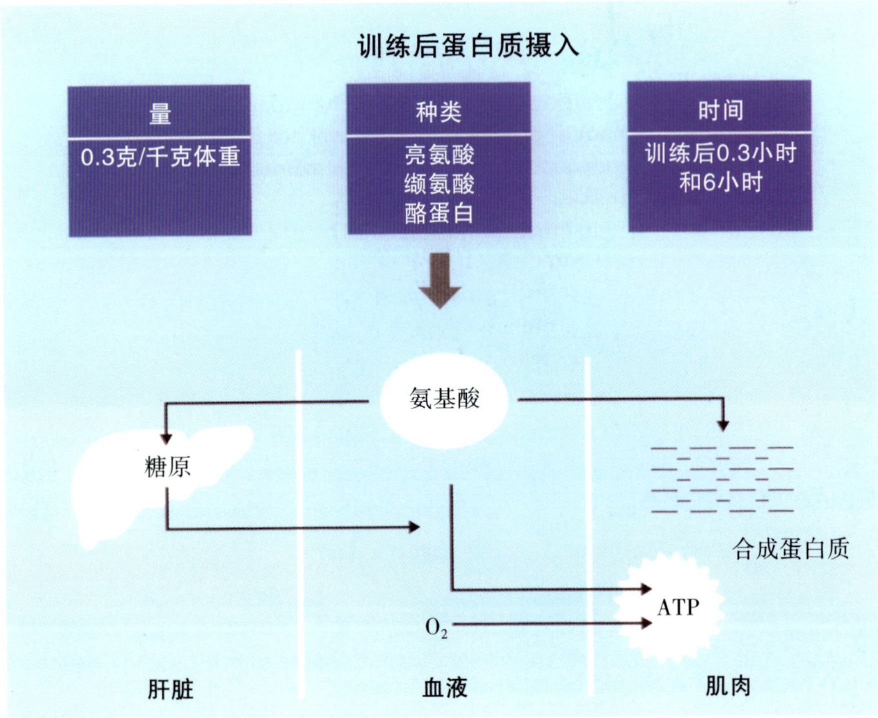

图5-3

在运动后适宜的时间，摄取适量的蛋白质有助于促进蛋白质的积聚和补充能量的消耗。

当每天的食物营养价值不高，或者由于食物过多难以消化时，运动食品如能量棒和液体的膳食补充剂等，可以提供一个紧凑和方便的方式来吸收碳水化合物和蛋白质。然而我们必须考虑一个事实，即使用这些产品不仅会产生额外的费用，而且它们的营养成分也有限。单一使用昂贵的蛋白质粉末或氨基酸补充剂是不实际的，日常的食物摄入一样有效，甚至有更好的效果。

总结

除非是在限制饮食期间，运动员摄取额外的蛋白质似乎是没有必要的。然而，按体重摄取0.3克/公斤，相当于约20克蛋白质之后，直接进行激烈训练和比赛与3小时后进行激烈的训练和比赛，均对合成肌肉蛋白质和能量支出有一定的积极作用，如图5–3所概括的，乳清蛋白比酪蛋白更有效，溶于乳清液体中的亮氨酸对氨基酸的快速吸收非常有效。

- 运动员的蛋白质需求取决于身体质量、运动训练和日常营养摄入。
- 大多数运动员在他们的日常饮食中已摄取足够的蛋白质。
- 增加饮食中的蛋白质数量是没有帮助的。
- 如果能量摄入充分，多种蛋白质的摄入可维持瘦体重。
- 训练后，进行组织修复并促进适应需要蛋白质的摄入。
- 摄入少量的蛋白质，在一段时间后或立即训练均可刺激蛋白质的合成。
- 蛋白质摄入的突然减少可能是有害的。

复习题

1. 运动员每天应摄取多少蛋白质?
2. 运动后蛋白质摄入的作用是什么，适宜的摄入量是多少?
3. 训练后应该服用哪些蛋白质?
4. 训练后使用何种食物提供蛋白质较为适宜?

6. 促进训练适应性的营养策略

前一章讨论了训练后蛋白质摄入对训练反应的优化作用。本章将涉及饮食对训练适应性和成绩的影响，重点介绍碳水化合物的可利用性。

在训练前和训练期间，利用降低肌肉糖原储存和避免碳水化合物的摄入进行训练是否有用是一个有趣的话题。这个曾经引起争议的话题在足球运动中并没有进行过研究，近年来，这一问题在几项科学研究中得到了解决。

训练前期糖供应量的重要性

以前，推荐运动员在每次训练前确保身体的糖原储备充足，并且在训练后迅速消耗碳水化合物。但科学研究的最新结果对这一过程的适当性提出了质疑。研究表明，在低肌糖原水平下训练和在训练后保持低肌糖原是有效的。

在对自行车运动员的综合研究中，以最大摄氧量（$\dot{V}O_2max$）约为60ml/（min·kg）〔毫升/（分·公斤）〕评估了每隔一天训练两次的效果是否优于每天一次。训练包括早上以中等强度（约70%$\dot{V}O_2max$）骑行100分钟，然后约以85%$\dot{V}O_2max$的强度骑行8×5分钟，间隔4小时（一天两次，接着休息一天）或24小时（一天一次）。这意味着每天进行两次训练组开始第二次训练时肌糖原浓度低于正常水平（低糖原；LG），而第二组在每次训练前肌糖原浓度正常（NG；图6-1）。

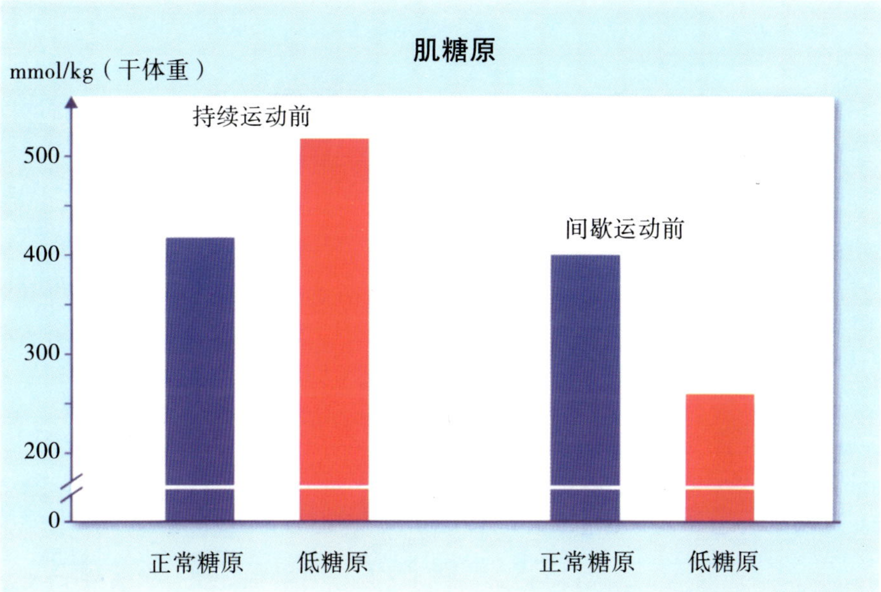

图6–1

肌糖原在持续运动前（左）和间歇训练前（右）持续训练24小时（蓝柱）或4小时（红柱）后。注意在低糖原组第二次训练前肌糖原水平显著降低。

两组都训练了3周，同正常肌糖原组相比，低糖原组在前四次间歇训练中训练成绩降低了7%，在接下来的两次间歇训练中训练成绩降低了6%，在上一次间歇训练中训练成绩降低了5%。只有低糖原组在休息时肌糖原增加，氧化酶和脂肪氧化酶活性增加（图6–2），这与运动期间较高的脂肪代谢有关。因此，每天训练两次组有更大的反应，即使该组在训练期间执行较少的工作。然而，随着NG和LG分别增加10%和12%（图6–3），1小时循环试验中的性能改进没有不同。应该指出的是，小组训练中每天两次的组别适应性更好，可能主要是由于间歇训练后的恢复时间较长，而不一定是训练期间较低的肌糖原水平。

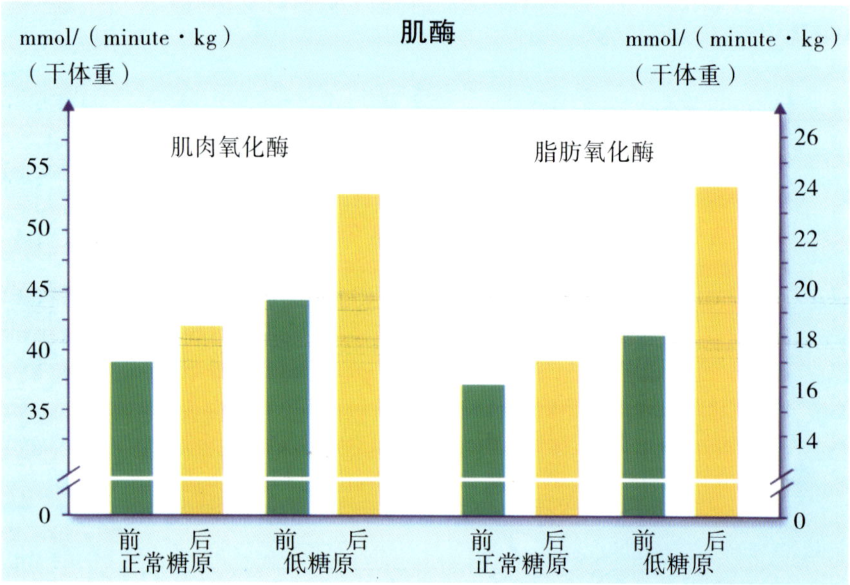

图6-2

显示在间歇训练前，正常肌糖原（NG）和低肌糖原（LG）持续3周的训练后肌肉氧化酶（左）和脂肪氧化酶（右）前（绿柱）后（黄柱）的对比。注意只有低肌糖原水平（LG）组训练有改善的酶。

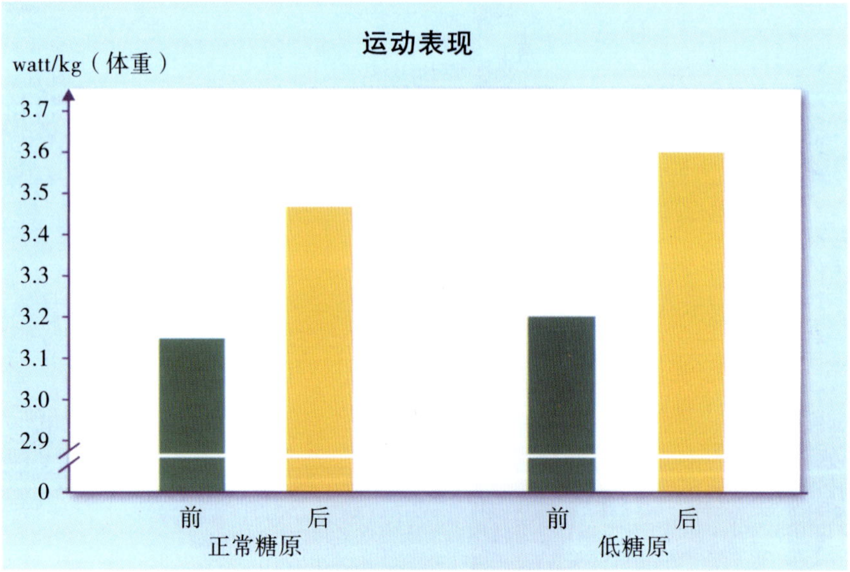

图6-3

在间歇训练前用正常肌糖原（NG，左）和低肌糖原（LG，右）两组，分别训练3周前（绿柱）后（黄柱）的表现。两组之间无明显差异。

训练期间和训练后碳水化合物的供应量

在训练期间和训练后改变碳水化合物供应的另一个策略是在运动前、中、后消耗碳水化合物。这个策略是通过限制脂肪（游离脂肪酸）从脂肪组织释放和脂肪在肌肉细胞中的吸收而阻碍身体的脂肪循环。问题是它如何影响身体对运动的反应。

在一项研究中，3组青年男子进行了为期6周的密集间歇训练（共计24节训练课）。两组每天训练两次（上午一次，下午一次），而第三组每周训练四次（对照组）。所有组别都进行相同的运动量，但是前两组的受试者进行低于肌糖原水平35%～45%的训练。在下午训练之前和下午训练之中，其中一组接受了6.4%的葡萄糖饮料（LOW-GLU），而另一组喝的是不含能量的饮料，即所谓的安慰剂饮料（LOW-PLA）。对照组（CON）在训练前后只喝水。

一些与代谢相关的肌蛋白在训练期间没有差别，而在LOW-PLA组，氧化酶（琥珀酸脱氢酶）的最大活性的增加比其他组大（图6-4）。然而，在增加最大

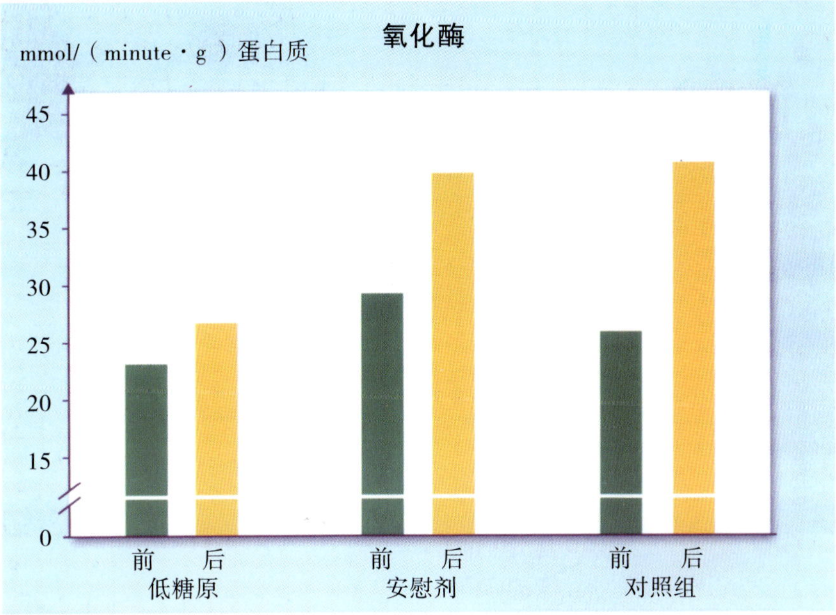

图6-4

在训练前（绿柱）和训练后（黄柱），对照组（CON）和下午训练前组（低肌糖原组）的对比，其中一组在训练前和训练期间摄入葡萄糖（low-GLU），另一组摄入不含能量的饮料（low-PLA）。值得注意的是，对照组和未摄入碳水化合物且一天训练两次组，氧化酶增加幅度最大。

摄氧量（8%～10%）、递增负荷跑台试验（22%～24%）和Yo-Yo间歇性恢复试验（15%～22%，图6-5）方面，两组之间并没有差异。因此，研究表明，在工作前和工作期间摄入碳水化合物可以抑制肌肉中氧化酶的增加。不过，至少在相对较短（<20分钟）的情况下，这并不影响成绩的改善。

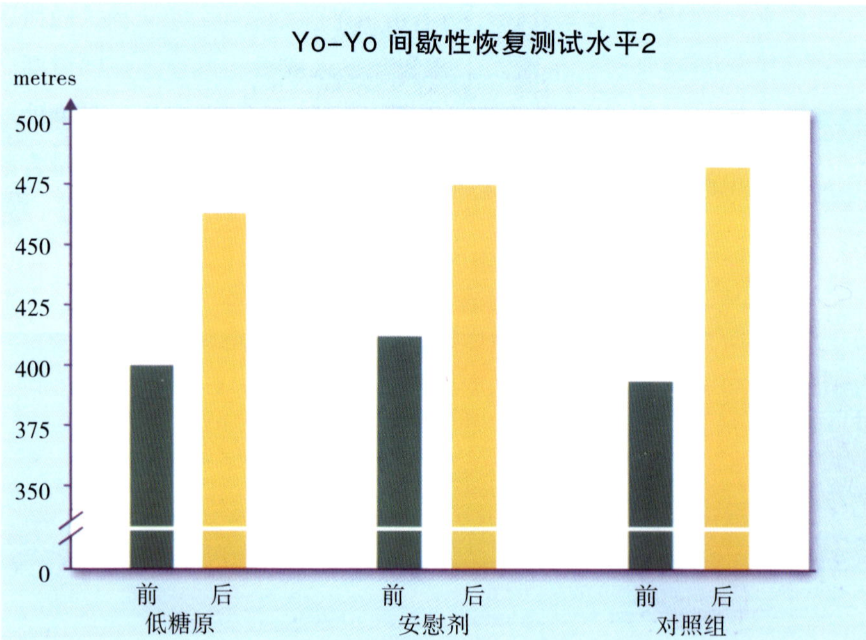

图6-5

在训练前（绿柱）和训练后（黄柱）的Yo-Yo间歇性恢复测试水平2中，下午训练前和训练期间，两组肌肉中糖原含量低，其中一组在训练前和训练期间摄入葡萄糖（low-GLU），另一组在训练期间服用安慰剂（low-PLA）。注意，由于训练期间，这些小组的表现也有类似的提高。

另一项研究调查了运动前和运动中高碳水化合物的重要性。研究对象是受过训练的自行车运动员，他们的最大摄氧量约为65ml/（min・kg），并接受了超过28天的检查。运动员被分成两组，其中一半的受试者在运动前后摄入富含碳水化合物的饮食和碳水化合物的饮料（高碳水化合物，HC），而另一半受试者在训练前2小时没有进食，在训练中也没有摄入任何东西（低碳水化合物，LC）。肌糖原水平在两组中都没有变化，但是两组中的氧化酶（柠檬酸合酶）活性均有增加，两组之间没有差异，这与前面讨论研究中观察到的情况形成了对比。在100分钟的自行车赛后，两组计时赛（持续约30分钟）的表现都得到了提高。因此，这项研究显示，在训练前和训练期间，食用碳水化合物不会产生负面影响。

训练后碳水化合物的摄入量

一些证据表明，训练后摄入碳水化合物会影响训练的适应性。因此，研究表明，工作后限制碳水化合物的摄入对肌肉氧化酶的增加有积极的作用。

一项对铁人三项运动员的研究调查，下午/晚上有氧高强度训练后未摄入碳水化合物的效果，即在训练后未补充碳水化合物，然后在第二天早上进行有氧中等强度训练而不摄入食物（低质睡眠组）。铁人三项运动员的最大摄氧量为60ml/（min・kg），每周训练10～15个小时。引入研究3周后，研究对象被分成两组，一组实施了“低质睡眠”计划，另一组以同样的方式进行训练，但需要时就会进食（对照组）。两组均连续训练6次，碳水化合物总摄入量相同。研究人员发现，“低质睡眠”组的10公里时间有了改善，而对照组则没有变化（图6-6）。同时，对照组和“低质睡眠”组在超大强度的力竭测试（53～58秒）上的表现没有改变。因此，研究结果表明，晚上和晚上训练后缺乏碳水化合物对训练的效果有积极的影响。

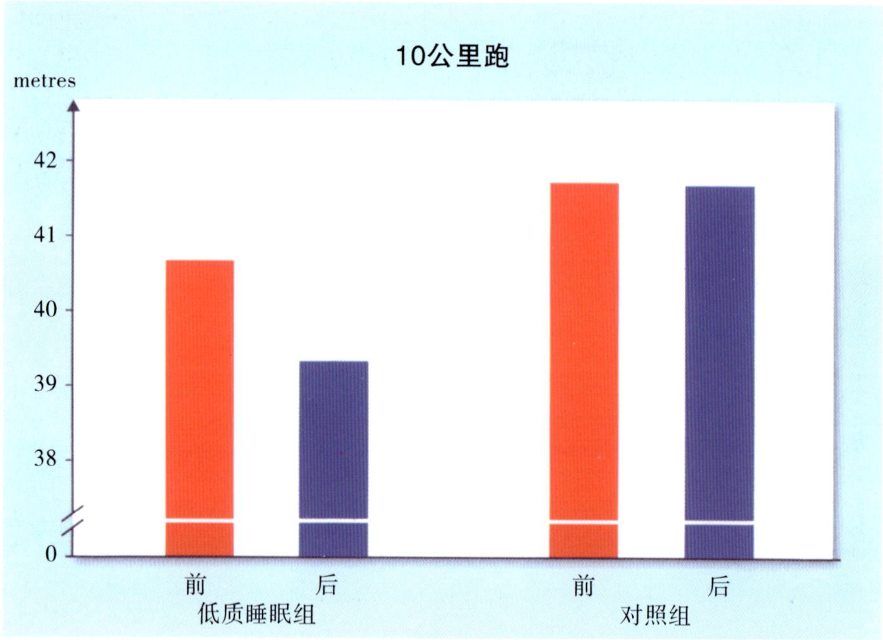

图6-6

在训练前（红柱）和训练后（蓝柱），对训练有素的铁人三项运动员进行为期3周的10公里的测试。运动员分为两组，一组未摄入碳水化合物，并且在下午、晚上和早晨训练（低质睡眠组），另一组则采取正常饮食（对照组）。注意，“低质睡眠”组的成绩显著提高，而对照组则无变化。

总结

科学研究表明，如果在运动前、运动中和运动后未摄入碳水化合物，那么在训练中利用有限的肌糖原水平进行训练，可以促进氧化酶的合成。然而，这显然并不影响持续不到1小时的锻炼成绩的改善。目前还不清楚，它是否可能会增加在足球比赛中表现的能力，脂肪代谢在接近尾声的比赛中发挥着重要的作用。然而，低肌糖原水平的训练压力更大，运动员在训练中的工作较少，训练要求也较高。因此，随着时间的推移，执行起来往往会有心理上的困难。此外，速度和速度耐力训练的效率可能会降低。

总的来说，随着时间的推移，这些程序是否会导致足球技术水平的提高还是个未知数。培训可能会产生负面影响，因为培训的质量可能会降低。然而，在短期内，这可能是有益的。如果你想尝试营养策略，一种选择是晚上训练，睡前不吃任何东西，另一种是第二天早上开始训练，不吃早餐。肌糖原水平低（低质睡眠），也可以在早上训练前摄入咖啡因，因为它会限制运动强度的减少。

复习题

1. 在低肌糖原水平下训练有什么益处？有什么缺点？
2. 训练中摄入碳水化合物将如何影响肌肉的适应性和运动能力的发展？
3. 解释“睡眠不足”的概念。效果如何？
4. 什么时候摄入碳水化合物饮料和富含碳水化合物的食物是合适的？

7. 体液平衡和液体摄入

本章讲述在比赛或训练中，环境对脱水程度的影响。同时，本章也将讨论在比赛和训练的前、中、后期分别补充什么液体，以及什么时候补液，采用何种方式补液。

液体流失对身体及运动的影响

在锻炼过程中，身体产生热量使体温上升（参见《足球运动与训练生理学》）。在一场比赛中，体温可能从静息的37℃达到赛时的39～40℃。为了控制体温的上升，身体可通过多种形式散热，其中汗液从皮表蒸发是最重要的散热形式。汗液蒸发促使体内水分和盐的丢失，因身体从环境当中获取热量，所以温度越高，丢失的量越大。同样的，汗水可被衣物吸收或流到地上但不丢失热量。

液体的流失导致血量减少，使得心脏每次收缩前都不能被完全充盈，心脏增加收缩频率来代偿（图7–1）。体内水分的减少使得体温增加，温度超过正常的身体活动，在日常身体活动中，血液运送到皮肤中就更少，所以身体散热也相对较少。如图7–2所示，这些身体变化影响运动技能的发挥。比如，一名70公斤级的运动员在比赛的前半场丢失了1升的汗液，这些汗液占体重比例的1.4%，如果在中场时不补充液体，那么这名运动员可能会在下半场比赛开始时，运动表现力将下降15%。

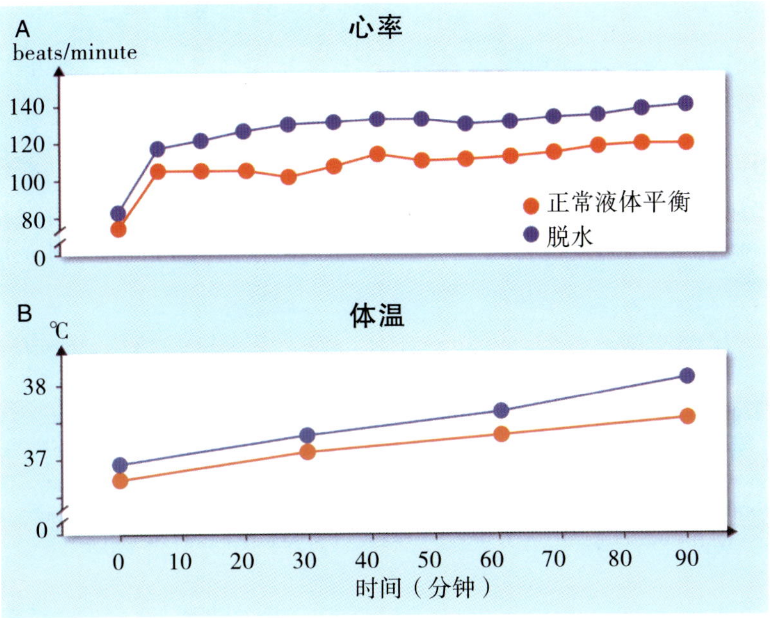

图7-1

脱水对心率（A）和体温（B）的影响。一名运动员进行两次相同的90分钟的练习，一次是在正常液体平衡状态下进行，一次是在脱水情况下进行。结果表明脱水状态下运动员的心率和体温都有所提升。

也有很多研究表明，在长时间间歇运动中，饮水对运动表现力有积极性的影响。研究者做了以下测试，首先要求运动员进行90分钟间歇性往返跑，然后进行篮球技能水平的测试，测试中不摄入任何液体。要求运动员在7个标志桶间运球，每个标志桶相隔3米，每个标志桶之间运球10次后休息1分钟再进行下一组的运球。测试显示，当没有液体补充时，其运动表现力下降5%，但如摄入饮料，则能保持运动水平。因此，运动员应当在比赛中补充液体，防止运动竞技能力的下降。

比赛和训练中液体及盐的流失

知道一名运动员在比赛和训练中液体流失量是十分实用的。通常可以简单地从运动员训练或比赛前后的体重变化值评估液体流失量，测量时，还应加上比赛或训练期间摄取的液体量。摄入量可以通过比赛或训练前给运动员相同量的液体，训练后减去瓶中剩下的量来测量。

很多情况下，一场比赛运动员净失水量为2～3升，但在潮湿的环境中，可能流失4～5升液体。例如，一名丹麦运动员在世界杯的一场比赛中因流失了4.5升的液体，使得该名运动员在比赛后期出现疲劳现象。表7-1显示在英格兰足球超级联盟队的24名球员训练中平均流失的汗液总量，变化范围以及液体摄入总量，表中还说明了（氯化钠）盐的流失数据，该数据表明，在训练赛季中盐分也存在着大量的流失情况。

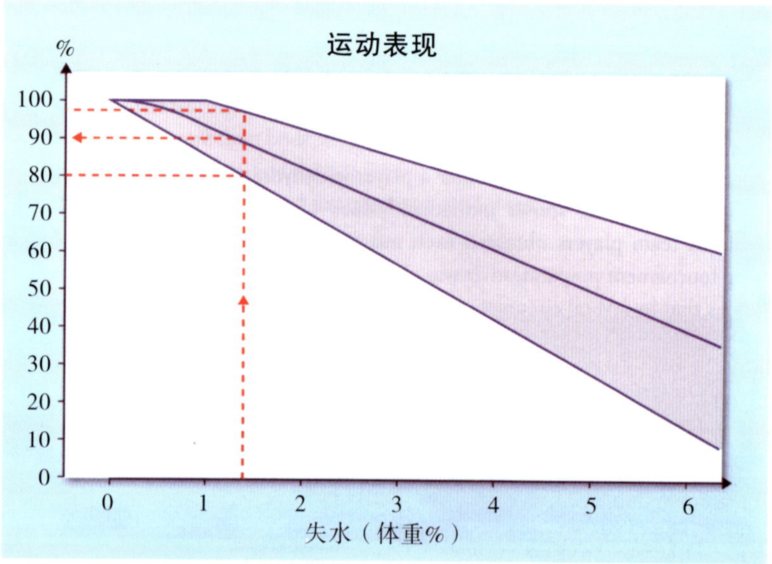

图7-2

脱水对运动能力的影响。身体保持正常含水量时运动能力表示为100%，所有其他值的表示均与此相关。水平轴表示失水量（每公斤体重）。在特定失水量时，使用一个范围来表示运动能力的降低，因为在液体流失对身体机能的影响方面有明显的个体差异。例如，一位含水量是体重的1.4%的人，运动能力的下降可能在3%～20%（用水平虚线表示）。

表7-1　英格兰足球超级联盟队24名运动员赛季前在24～28℃的气温下进行90分钟训练的汗液流失，水分摄入以及盐丢失数据

	平均值	范围
汗液流失（ml）	2030	1390～2380
摄入液体（ml）	970	270～1660
脱水量（%）	1.4	0.5～2.6
汗盐流失（g）	5.7	3.1～7.7

很多运动员甚至出现“汗盐”，在炎热的天气中大强度训练后，你可以在他们的衣物上发现盐迹。盐流失过多极易造成肌肉痉挛。在食物中或运动饮料中额外添加一些盐可以降低痉挛的风险，但是对运动员的身体无益。

液体在炎热的环境中丢失量比在寒冷的环境中显然要更高。

测量个体需求

简单监测运动员是否脱水的方法为测量体重变化。图7-3显示在世界杯比赛准备期间，两名丹麦选手在每天早晨吃饭前测量的体重，所测体重与在不同环境下的正常值相比，两名运动员正处于脱水的状态，因此建议在训练前摄入液体以防训练中血量不足。

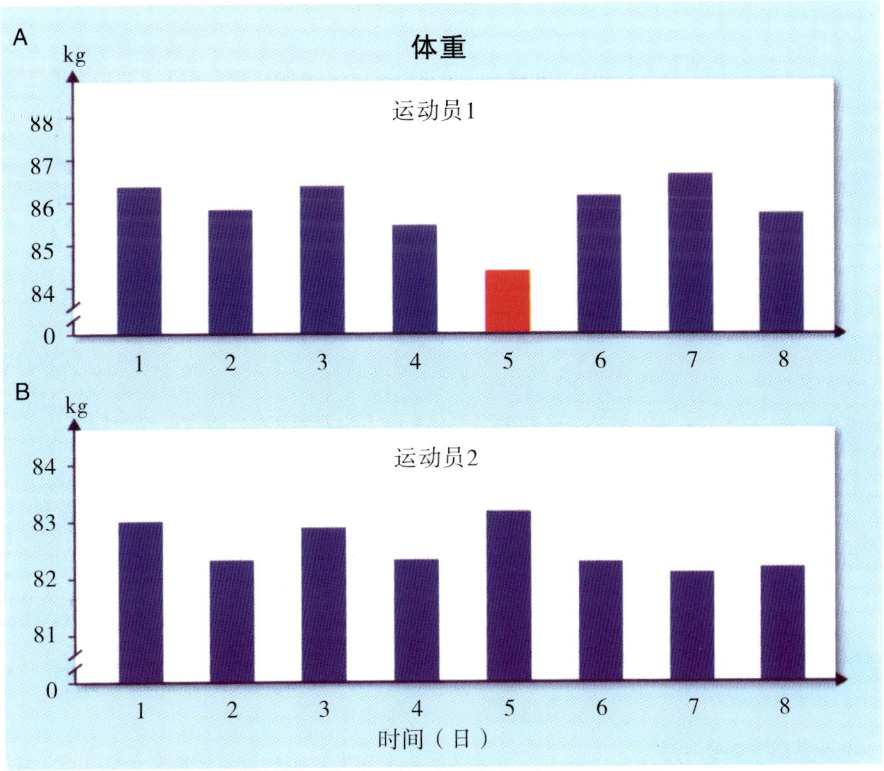

图7-3

在为期8天的世界杯比赛备战期间，丹麦国家队两名队员在未进食情况下的清晨体重。注意，运动员1在第5天体重下降，表明他有脱水情况。

测量体重的方法存在缺点，因为运动员在测量期间的脂肪含量或肌肉含量可能会上下浮动，从而影响测量结果。测量脱水状态更为成熟的方法是测量尿液的渗透压。如果渗透压偏高，则说明缺乏液体摄入。尿液渗透压如若超过900mmol/kg则表明身体失去了2%的水分。测量汗液成分的方法也非常有效，但与体重测量方法比较，该方法较为复杂，需要在训练或比赛前后在运动员身体不同部位贴汗贴。所用样本可以在后期测试所含盐分。盐分浓度越高，则表明食物中需要加大盐的摄取。

喝什么

在比赛和训练前以及训练期间，球员应该确保摄入足够的液体来补充流失的体液。在讨论可以使用的不同类型的饮料之前。需要解释一些关于液体吸收的重要内容。

人体摄入的液体被运输到胃，然后进入小肠，在小肠通过一个相对快的过程被血液吸收（图7-4）。然而，液体从胃运输到小肠的过程要慢得多，这限制了血液吸收液体的速度。液体吸收受多种因素影响，包括摄入的液体数量、温度和成分。液体摄入量越大（限制在800毫升左右），排出的速率就越高。

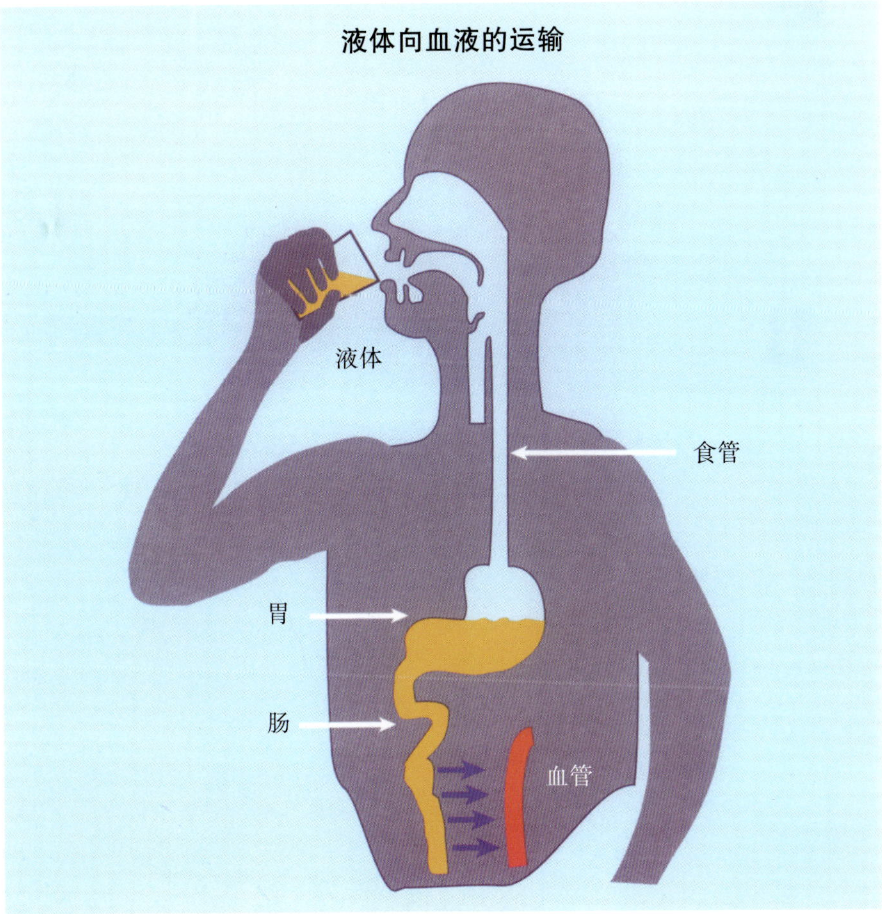

图7-4

显示液体摄入后是如何被血液吸收的。吸收的速率分解部分是从胃到小肠的运输过程。

在胃里，热的饮品似乎比冷的饮品排空得慢，但是喝太冷的饮品可能会导致胃部不适。低浓度盐的饮料可以提高吸收率，而盐浓度高则效果相反。同时，这些原则在休息和锻炼中均适用。

饮料中最重要的成分是碳水化合物的浓度，即每升液体所含的糖分。图7-5显示了饮用不同含糖浓度的饮料的效果。含糖量在2.5%或更低的饮料能使胃排空率达到最佳，而含糖量高的饮料则会降低排空率。例如，饮用含糖浓度为5%的饮料20分钟后，超过一半的饮料还停留在胃里。值得注意的是，如果饮料中的糖成分是聚合物，那它可以很快被吸收。在运动过程中，不能饮用过多的饮料，否则胃里存留过多液体会引起胃部不适。

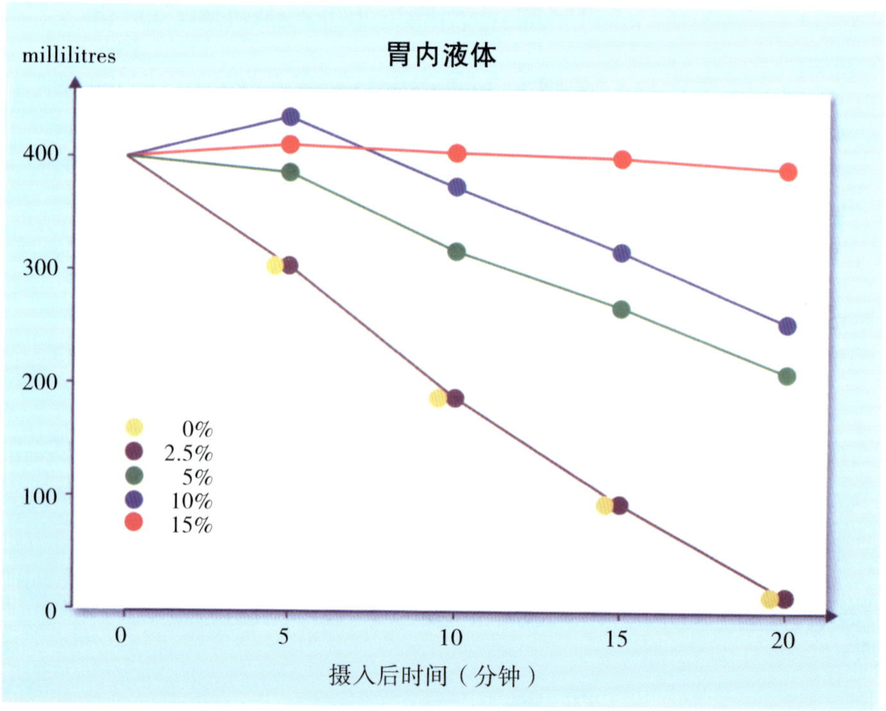

图7-5

摄入不同浓度的含糖饮料后胃中液体的情况。数值显示当摄入含糖浓度为0%、2.5%、5%、10%和15%的饮料后，在特定时间内胃中液体剩余量。注意，20分钟后，当含糖浓度为0%和2.5%时，胃中没有剩余的液体，而其他含糖浓度的液体则在胃里存留超过一半。

在比赛中，肌糖原逐渐降低，肌肉从血液中吸收葡萄糖，从而降低血糖浓度，这可能会导致比赛快结束时的疲劳。在一项研究中，球员被分配到两个指定的试验中，一位在15分钟的间隔时间内摄入6%的碳水化合物—电解质溶液（实验组），另一位在75 分钟的足球比赛中没有摄入液体（对照组）。与对照组（1.14公斤/1.75公斤）相比，实验组的净体重损失较小，而短跑次数较高（图7–6）。显而易见，在足球比赛中补充碳水化合物—电解质饮料可能会提高比赛成绩。

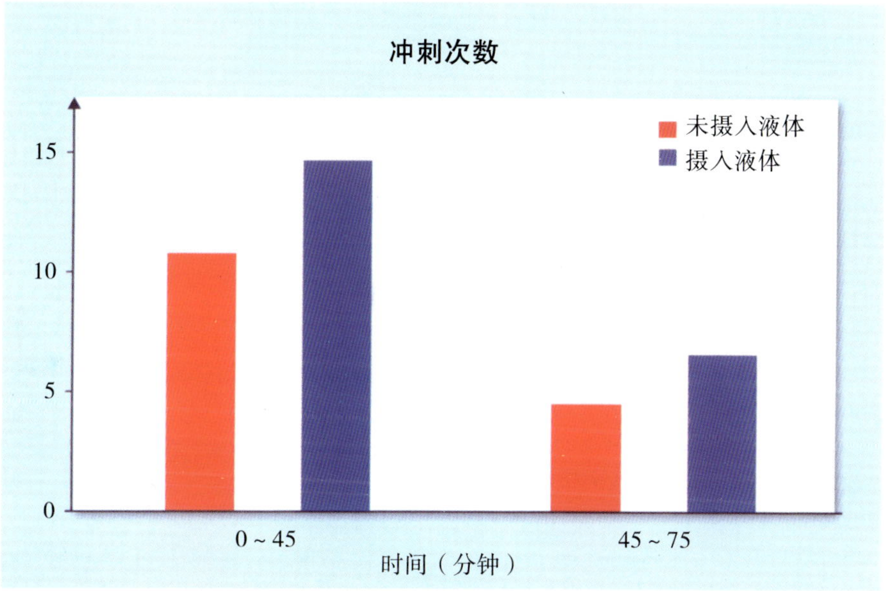

图7–6

在75分钟比赛中，没有液体摄入（红柱），摄入糖—电解质混合溶液的短跑次数（蓝柱）。值得注意的是，与非液体摄入情况相比，运动员在摄入糖—电解质混合溶液时跑得更快。

因此，在比赛中的饮料应含有糖分，以供应肌肉中的葡萄糖需要，并维持正常的血糖。在比赛中摄入液体不仅可以让运动员在下半场跑得更远更快，而且还可以帮助他们在疲劳时保持技能和判断力。输赢往往出现在比赛的最后几分钟，疲劳的球员更容易受伤。

使用碳水化合物含量为4% ~ 8%（4 ~ 8克/100毫升）的商业运动饮料，可以在大多数赛事中同时满足碳水化合物和燃料的需求。通常与性能相关的碳水化合物的摄入量是每小时20 ~ 60克。

比赛期间饮用的液体中应含有钠，特别是对高盐损失的个体，因为盐分损失和肌肉痉挛密切相关。盐分损失高的球员容易肌肉痉挛。因此，应该确保汗液中含有高浓度盐的球员在比赛中能从饮料中获得足够的钠。

喝多少

身体只能通过口渴的感觉来调节部分水平衡，因为饮用足够的水，口渴感觉就会消除了。在一项研究中，研究对象在炎热的环境中运动，想饮多少水就喝多少的人，结果发现只有70%的能量被消耗。在另一项研究中，三组士兵在25℃的温度下监控能量摄入量。其中一组不允许喝水，另一组想饮多少水就喝多少，第三组则要求定期饮水。当对这些组别进行评估后发现，不喝水的一组表现最差，喝水最多的一组比另外两组表现更好（图7–7）。

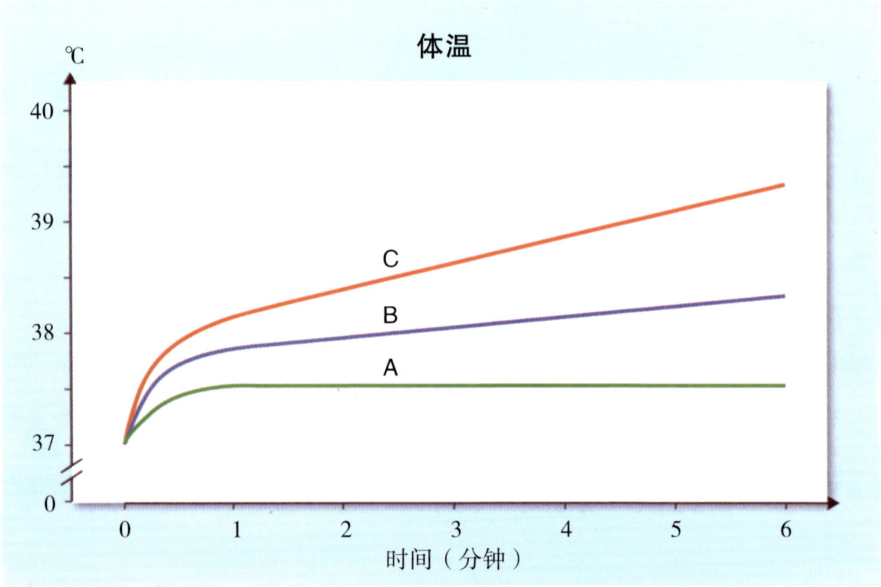

图7–7

饮水对体温调节的影响。三组士兵（A、B、C）行军6个小时。不饮水的C组（红线）体温升幅最大。A组（绿线）被要求定期补充流失的水分，表现优于只在口渴时饮水的B组（蓝线）。因此，为了避免在运动中出现明显的体液不足，一个人应多喝水，而不仅仅是为了解渴。

图7-8

尿液的颜色可以反应出水合状态，尿液越深，脱水程度越高，这些数字可用于提供尿液颜色的标准指标。

研究表明，为了保持体液平衡必须喝更多的液体，而不仅仅是为了满足口渴的感觉。

一个人脱水的最明显特征是不经常去厕所，另外一种特征则是尿液的颜色。当脱水时身体产生的尿液较少。因此，尿液颜色变成更深的黄色。图7-8显示尿液颜色如何反映脱水程度。

什么时候喝

训练期间

在训练期间，球员应通过饮用水或运动饮料来限制脱水，教练员应根据天气条件和训练强度组织饮水和休息时间，让球员有机会感受出汗率和补充体液需求，从而可以相应地调整饮水习惯，没有必要喝进与汗液流失一样多的水，但脱水量通常不超过体重的2%，即70公斤体重的人失水约1.4公斤。没有必要饮用比汗水流失更多的水分，那样会导致在训练期间体重增加，这样不但不会有助于提高运动表现，还可能导致消化道不适。

赛前

重要的是球员在比赛前不要脱水，球员应该在比赛前一天开始使用液体进行“补充”。因为糖原溶于水，所以球员在比赛前进行肌糖原储备时（参见第4章），则同时可以结合更多的水。例如，200克糖原结合约1/2升水。当糖原在比赛中分解时，水将被释放，并且它将减少水的净损失。咖啡因和可口可乐等咖啡因物质的摄入量，应在比赛的前一天和比赛当天受到限制。咖啡因具有利尿作用，导致身体失去的水量大于吸收的水量。尽管如此，在比赛前约45分钟摄入咖啡因可能会对运动表现产生积极影响（参见第11章）。

在比赛日，球员应该摄入大量的水分，即使没有感到口渴，也要鼓励他们多饮水。然而，过多摄入水会产生负面影响，并且在比赛前的最后1小时，球员每15分钟的水摄入量不应该超过300毫升（一大杯）。

赛中

在比赛期间，应采取少量多次的补液方式。最佳方法为每10～15分钟补充200～300毫升含糖量为2%～6%的饮品。不能指望通过补液来弥补比赛中流失的所有液体，但这样的补液过程可在比赛中提供2～3升含30～80克碳水化合物。在大多数情况下，这足以替代大量通过汗液损失的水并满足一些对碳水化合物的需求。比赛中合理的饮水机会包括热身运动时、中场休息，以及球员因伤需治疗而停止比赛时。

在场地周围的不同位置放置小瓶饮品是很方便的，可避免在比赛中断期间花费长时间跑到球队工作台补液。虽然比赛期间的液体摄入量很重要，但它不应干扰比赛。在比赛期间的关键时刻饮用液体可能会扰乱比赛节奏，因此球员应该只在比赛自然停顿的区域喝水。

赛后

在一项研究中，比赛后测量了一些球员的水平衡状况。在比赛期间，球员净损失1.5～3升体液，相当于体重的2%～3%。虽然建议球员在赛后多喝水，但是在第一个小时内只补充损失一半的体液，并且在体液平衡完全恢复之前需要将近10个小时。其他研究也同样证明，恢复水平衡时间可能会需要48小时。因此，仅在比赛结束后增加液体摄入量是不够的，球员应该在比赛后经常喝水。

球员实用信息

- 在比赛、训练前后测量体重。
- 每公斤体重下降到1升的汗液损失。
- 体重损失一般不超过体重的2%。
- 较少的脱水在高温下是可以忍受的。
- 尿液颜色越深，对液体摄入的需求就越大。

训练后

训练后的恢复是为了下一次比赛或者训练准备的，补充损失的汗液是这个过程的一个重要部分。随汗液流失的水和盐分都需要补充。运动员应摄入1.2～1.5升液体来补充在比赛中失去的水分，如果此时没有进食，至少在饮用水中应含有钠，尽管大多数膳食中含有足够的盐。含有电解质的运动饮料可能会有所帮助，但许多食物也可以提供所需的盐分。当大量出汗失水时，可以在膳食中添加一些额外的盐，但使用盐片需谨慎。

总结

关于液体摄入的建议可能对球员有帮助：

- 在比赛前一天和比赛当天喝大量的液体，不仅仅是为了解渴。
- 在比赛前和比赛期间及中场休息时经常饮用水，但一次只能少量饮用，每15分钟不超过300毫升的液体。

- 在比赛前和比赛期间饮用的饮料应该具有2%～6%的含糖浓度（冷饮的含糖浓度应该更高），并且温度为5～10℃。添加盐分是有帮助的。
- 赛后补水要持续到几个小时以后。
- 利用尿液的颜色作为摄入液体需求量的指标，尿液越黄，对液体摄入的需求就越大。

在训练期间总结各种补液的方法经验将有助于球员成功完成比赛和日常训练。

复习题

1. 为什么球员在训练和比赛中会丢失体液？
2. 球员在比赛和训练期中会流失多少体液？
3. 如何确定脱水程度？
4. 在比赛前的最后1小时和比赛期间，球员应该摄入多少液体？
5. 饮料中的糖分如何影响身体对液体的吸收量？
6. 比赛期间球员应饮用何种饮料？在炎热的环境中比赛应饮用何种饮料？

8. 控制体重

个人的体脂肪存储状况反映其长期的能量摄入和消耗的平衡情况。脂肪是身体主要能量的存储方式，也是将多余的能量储存起来以备不时之需的一种有效方法。当身体脂肪含量在最佳范围内时，运动员的运动表现最佳。最优的体脂率对于每位运动员，以及在各自的不同的职业生涯阶段里都是不一样的，它并没有一个固定值，而且体脂率并不是越小越好。体脂肪储存太少对健康不利；储存太多，运动员因为不必要的多余体重，其运动的速度减慢，而且多余的体脂肪也会对健康造成风险。

因此，为了达到最优的体型和体成分，饮食摄入管理对运动员来说很重要。但同时我们也应该认识到，确定每个人所需的营养成分是一件很难的事。食谱应该给运动员提供适量的能量，既不能多也不能少。但是，对于大多数的必要营养素，稍微过量的摄取也不一定是有害的。因为推荐的摄入量，一般代表的是同类人群需要的该营养素的一个平均水平。

运动员应该遵循定制食谱以帮助他们达到目标，而不是按照自己的食欲来主导能量摄入。体重虽然可以提供总体发展趋势，但是体重所带来的信息也可能会被误解。体重并不是一个可信的或者准确的能量平衡指标，因为体重不能反应出肌肉量和体脂量。为了得到体脂肪的信息，在赛季期间定期观察皮褶厚度是很有用的。

减脂策略

如果需要减少体脂肪的话，应该循序渐进地进行。运动员应该控制能量摄入，但是太严厉的控制能量摄入是很危险的，因为这会干扰正常的身体功能。

即使控制饮食，也应该提供可以满足比赛和训练所需的能量，同时提供的能量还应满足运动员的生长、发展以及维持健康的需求。长期营养摄取不足会导致比赛能力丧失和损害健康。会增加训练时和日常生活中的疲劳感，还会降低新陈代谢量，从而限制减肥。当运动员需要减少体重的时候，我们有如下建议可以提供。

- 相对于短期目标而言，我们更应设定长期目标。比如，以月为单位制定目标就优于以周为单位制定目标。
- 不吃饭节食不如每顿少吃。
- 选用食物或准备膳食时，应选用低脂产品。
- 维持碳水化合物的摄入量，以维持运动所需的能量水平。
- 为保证训练时的能量需求，在正餐之间可摄取健康的辅食。
- 限制和避免酒精的摄取。
- 通过增加高纤维、低碳水化合物的食物，如蔬菜和沙拉来提高膳食的饱腹感。

减脂时拒绝使用补充剂

现在市面上销售很多补充剂，据说有助于减少体脂率并增肌。事实上许多有效的补充剂产品不是在违禁名单里，就是有引起巨大健康问题的风险，或者二者兼具。再有就是一些草本减重的产品中，还含有一些不会被标记在成分表上的处方药物成分。据说能提高肌肉生长的铬、硼和乳制品成分，实际经研究发现，均没有明显的效果。

非赛季时注意事项

在非赛季的时候，我们需要格外地留意，因为随着训练强度的降低，能量消耗也因此减少。通常，在非赛季的时候运动员的体重都会有所增加。因此，运动员应该格外注意，防止在非赛季时体重增加，以此来避免潜在的问题。在非赛季和赛季前保持一定水平的运动量，能够帮助运动员达到自己理想的体重和体脂率，这也能将体脂肪对健康和运动表现的影响减少到最小化。

在非赛季，由于运动量的减少，运动员需要相应地减少食物摄入。

总结

运动员应注意控制饮食，不要增加脂肪量。特别是应留心管理好非赛季期的饮食，因为在非赛季期随着训练量的降低，能量消耗也会相应降低。如果真的有必要降低体脂，应该坚持循序渐进的原则，并且在控制饮食期间，也要保障必要的营养成分摄取。

复习题

1. 用体重来判断运动员是否需要减重时应注意哪些问题?
2. 请列举三种减少体脂的有效方法。
3. 为什么在减脂的时候不推荐使用补充剂?

9. 环境

足球运动可能会在各种不同环境条件下开展，这会带来不同的挑战。例如，比赛可能是在寒冷、酷热、大风或潮湿的条件下，也可能是在高海拔地区进行。本文简要介绍在不同环境条件下，足球运动员的饮食安排和补液方法。

湿热环境

出汗是人体最有效的散热方式，但是如果身体表面比环境更热，也可以通过物理转移（热传递）方式散热（参见《足球运动与训练生理学》）。

如图9–1所示，运动员在炎热的环境中进行少量高强度跑步和短跑。肌肉和身体的温度上升明显（图9–2）。

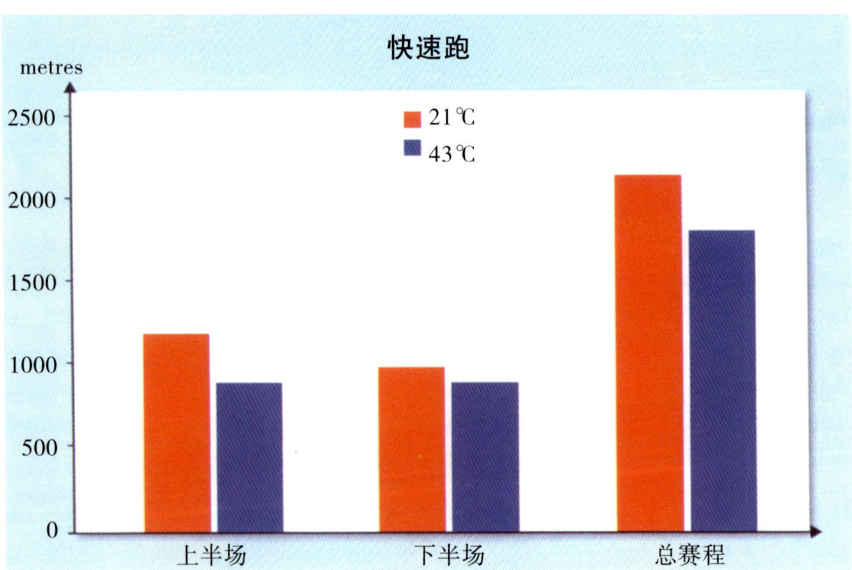

图9–1

运动员在高温（43℃，蓝柱）和适宜温度（21℃，红柱）环境中进行高速跑。请注意，球员在热环境中比赛，高速跑的成绩降低了23%。

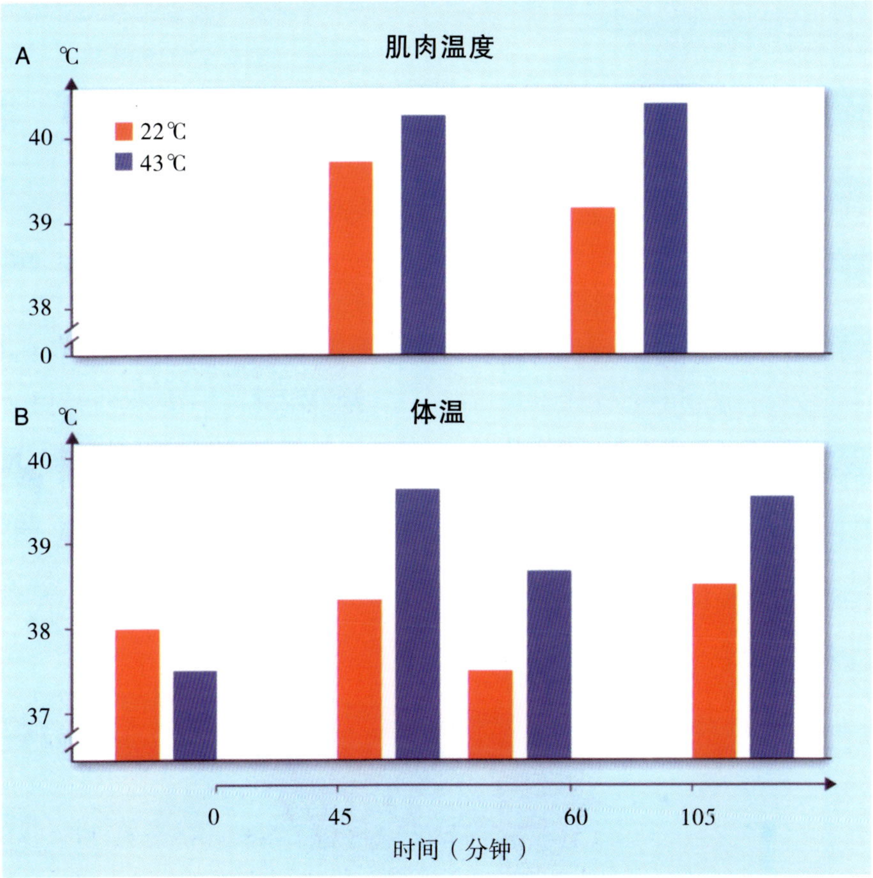

图9-2

在高温（43℃，蓝柱）或适宜温度（21℃，红柱）的环境中比赛，肌肉（A）和身体（B）的温度。注意，在炎热的环境中比赛，运动员的肌肉和身体温度较高。

在炎热的环境中，人体的汗水蒸发速度必定会加快，所以，水分和盐分会流失得很多。当环境湿度更高的时候，这些成分流失得更多。因为汗水很难从皮肤表面蒸发，汗水大部分从皮肤上流走，而热量没有损失。在炎热的环境中，脱水对高强度运动能力的负面影响更大，所以这种炎热潮湿环境条件下的饮水习惯应优化升级，以减少体液的流失，这应包括在训练期间有额外的液体补充。

在热环境中准备比赛，可能降低球员受外界环境的干扰。那些生活在寒冷气候中的人，在到炎热的环境中参加比赛之前，在比赛或者锦标赛前几天到达，将会通过热习服受益。但是，因为有其他比赛计划，提前几天到达比赛现场有时很难安排。热习服最好通过在温暖的环境中以中等强度锻炼60～90分钟，持续7～10天，然后再去热的比赛场所。这样的理想化安排也许是不可能的，但是任何准备都比没有准备好。

水合作用对人体机能的影响似乎比在较冷的条件下更大，因此在训练或比赛开始前充分水合尤为重要。正如第7章《体液平衡和液体摄入》中提到的，运动员应该特别注意脱水征兆，比如尿液颜色偏深，如厕频次减少等。这些都是应当注意多喝水的征候。运动员应该利用进食时间摄取水分。那些汗液中流失盐分较多的运动员，应当注意用餐时增加盐的摄入。汤是水分和盐分的来源，番茄汁含有很多盐分。

在高温环境中进行的比赛，运动员可能会改变节奏。为防止过分丢失水分和体温过热，热身运动应缩短或取消，多余的水分补充是必须的，特别是冷饮，因此可以使用保温隔离瓶。

低温环境中参赛

在寒冷的天气下进行比赛和训练的时候，运动员会穿很多衣服来对抗严寒。 戴手套会降低双手的热量损失。在寒冷的天气下，运动员很容易忘掉补充水分。因为他们觉得自己没有流汗，但是在高强度训练和比赛当中，水分流失会相当严重。在寒冷的地方，穿着很多衣服运动时出的汗，其实和在炎热的地方只穿短裤和T恤进行训练时流的汗一样多。

在环境温度为6～8℃的英超预备队足球比赛中，对运动员的体液平衡和汗液电解质的损失进行了测定。汗液流失大概是1.7升，但是平均水分摄取是0.8升。更重要的是，每位运动员需要补水的情况都各不相同，这表明我们应该对各个运动员的补水情况进行单独测定，从而制定个人的补液策略。

相较炎热地区，在寒冷地区对较严重的脱水的承受能力更强。这意味着饮料应更重视提供额外的碳水化合物。

因此，运动员可以选择更浓缩的碳水化合物饮料，高达25%的浓度，或在中场休息时摄取碳水化合物补剂或者固体食物。热饮一般在中场休息的时间或者比赛和训练以后摄入会比较好。在训练期间积累摄取多样的饮料和饮用策略的经验，有助于运动员在赛季比赛中获得成功。

高海拔地区参赛

在海拔1800米以上的地方进行比赛对运动员的耐力是很大的考验，一些比较敏感的选手，可能在较低海拔也会受到影响。尽管选手在适度的海拔地区的竞争能力的发挥没有问题，但在高海拔地区竞赛时竞技表现会被减弱。在极高海拔的地区（4000米以上或甚至更高的地方，比如南美洲），运动员竞技能力会受到海拔高度的严重影响。甚至许多高海拔地区生长的本地人，在这样的高度时也会遇到健康问题。例如，恶心、头痛和全身不适。高海拔会导致食欲不振，所以运动员有时不得不吃更多的食物。

在高海拔地区，运动员会失去更多的液体，所以补水是很重要的。因此，运动员应该饮用大量充足的水分。随着海拔高度的提升，可能会在训练和比赛中引起过氧化损伤，所以球员应该吃大量的水果和蔬菜来提供必需的抗氧化剂。

若在高海拔地区长期停留，比如进行团队集训或比赛时，红细胞的生成量会有所增加，因此饮食中应包含大量富含铁的食物（参见第10章）。在进入高海拔地区之前，应该通过验血检测运动员身体中的铁成分参考值，以便铁成分参考值较低的运动员摄取含铁量较高的产品。

总结

在高温下应该减少高强度的工作，但在炎热条件下进行比赛，肌肉和核心温度都会较高，并且球员在热环境中赛后较正常情况下会表现出相同程度的疲劳。在炎热的条件下，液体摄入量应该更高。此外，在高海拔地区进行足球运动需要额外的液体摄入量，并且在高海拔地区长时间停留时，可能需要摄入富含铁的食物。

复习题

1. 在高温、高湿环境中运动会产生什么效果?
2. 运动员在高温环境中比赛，有几种可选的赛前热身策略?
3. 运动员应该如何应对寒冷比赛环境?
4. 冷环境下该如何饮水?
5. 高海拔环境比赛对运动成绩有怎样的影响?
6. 高海拔下运动对液体需求有怎样的影响?
7. 在高海拔停留时应采取何种营养策略?

10. 维生素与矿物质

高强度训练和比赛会对身体施加很大压力。摄入充足的维生素、矿物质和抗氧化剂既可以降低受伤的风险，又可保持健康所必需的矿物质如铁、铜、锰、镁、硒、钠、锌，以及如维生素A、C、E、B_6和B_{12}。这些营养素最好从各种饮食中获取，主要是从营养丰富的食物如蔬菜、水果、谷物、豆类、瘦肉、鱼、乳制品和不饱和油类中获取。大多数运动员可以通过日常饮食满足维生素和矿物质的需要摄入量。那些因减重而限制能量摄入的运动员，尤其是为达到减重目标长期控制饮食，导致饮食单一且营养密度低的人群，容易出现微量营养素摄入不足。

矿物质和维生素的所需也有例外。瑞典的一项研究发现，高水平男性运动员中多数存在缺铁情况。铁是组成血红蛋白的重要元素，血红蛋白存在于红细胞内，并在全身范围内帮助运送氧气。因此，摄入足够的铁元素对于足球运动员来讲至关重要，尤其是女性运动员更要注意，因月经期失血而丢失血红蛋白的更需补充铁。同样，建议希望提高红细胞数量的运动员加强铁元素的摄入。比如在准备期和高原训练期间，丹麦队在南非世界杯前进行了高原训练，训练营地和多项赛事举办地均在海拔1500米以上，其饮食供应中包括富含铁元素的食物。一名运动员铁元素的每日建议摄入量约为20毫克，且应通过固体食物而非药片获取，因为固体食物中铁元素通过小肠吸收入血的效率更高。含铁量高的食物包括动物内脏（肝脏、心和肾脏）、脱水水果、面包、坚果、草莓和豆类食物。最有效吸收铁元素的方式是同时食用动物内脏和固体食物中的维生素C。

在无法相应提高食物摄入量时，例如，当一名运动员来到一个食物供应有限的国家，或被发现自身缺乏某种维生素或微量元素，那么需要保证充足的添加。一般食物摄入受限时，最好选择某种包含多种维生素/微量元素的补剂来补充，尽管有时可能需要一些针对性的补充剂，例如出现铁元素缺乏时。

本章列举了一些最为重要的维生素、矿物质和抗氧化剂及其功能。

维生素类

维生素A

功能：视力、免疫系统、生殖系统所需。

食物：甘薯、胡萝卜、菠菜、强化麦片、牛肉、肝脏、鱼类、牛奶及鸡蛋。

建议量：700～900mg/d（毫克/日）。

最大量：300mg/d（毫克/日）。

维生素B_1

功能：将碳水化合物转化为能量，维持脑及神经系统运行的需要，并帮助生成红细胞。

食物：牛奶、全麦、浓缩及强化的产品，如面包和谷类。

建议量：1.1～1.3mg/d（毫克/日）。

最大量：无已知成人最大剂量限制。

维生素B_3

功能：帮助消化及形成胆固醇。

食物：鱼类、禽类、肉类、全麦面包及强化麦片。

建议量：14～16mg/d（毫克/日）。

最大量：自然来源无最大剂量限制。

维生素B_5

功能：将碳水化合物、蛋白质和脂肪转化为能量。

食物：牛肉、鸡肉、马铃薯、燕麦、谷物及番茄。

建议量：5mg/d（毫克/日）。

最大量：无已知成人最大剂量限制。

维生素B_6

功能：帮助新陈代谢、形成血红蛋白、稳定血糖及免疫系统。

食物：鹰嘴豆、马铃薯、强化麦片、强化豆制品及脏器肉类。

建议量：约5mg/d（毫克/日）。

最大量：100mg/d（毫克/日）。

维生素B_{12}

功能：对健康神经系统功能至关重要、生成红细胞和DNA。

食物：肉类、鱼类、禽类、乳制品和强化谷物。

建议量：2.4mg/d（毫克/日）。

最大量：无已知成人最大剂量限制。

维生素C

功能：抗氧化（参见第11章）。形成胶原并维持免疫系统。多种生理进程所需，如蛋白质代谢，以及合成神经递质。

食物：西兰花、球芽甘蓝、番茄、青红椒、猕猴桃、草莓、橙子及其他柑橘类水果。

建议量：90mg/d（毫克/日）。

最大量：2000mg/d（毫克/日）。

维生素D

功能：骨骼、肌肉、免疫系统、脑及身体其他各部位间联系所需。

食物：鱼肝油、鱼油、橙汁、强化乳制品及强化谷物。值得注意的是，维生素D会在皮肤暴露在阳光下时形成。

建议量：600IU/d（国际单位/日）。

最大量：4000IU/d。

维生素E

功能：抗氧化（参见第11章）。保护细胞对抗损伤。

食物：强化谷物、葵花籽、杏仁、花生酱、植物油。

建议量：15mg/d（毫克/日）。

最大量：1000mg/d（毫克/日）。

维生素K

功能：对凝血和骨骼健康极为重要。

食物：绿色蔬菜，如菠菜、羽衣甘蓝、西兰花、洋白菜及球芽甘蓝。

建议量：约110mg/d（毫克/日）。

最大量：未知。

矿物质

钙

功能：为骨骼生长、凝血和肌肉收缩所需。

食物：牛奶、酸奶、强化非乳制品，如豆浆、硬质乳酪、强化谷物，蔬菜汤。

建议量：1000mg/d（毫克/日）。

最大量：2500mg/d（毫克/日）。

铬

功能：调控血糖水平。

食物：西兰花、马铃薯、肉类、禽类、鱼类及某些谷物。

建议量：35mg/d（毫克/日）。

最大量：无已知成人最大剂量限制。

铁

功能：为红细胞及多种酶所需。

食物：食物中铁元素存在形式有两种，血红素铁存在于动物性食物中，如红肉、肝脏、肾脏、心脏、鱼类和禽类；非血红素铁存在于强化谷物和植物性食物中，如扁豆、菠菜和豆类。

建议量：8mg/d（毫克/日）。

最大量：45mg/d（毫克/日）。

镁

功能：维持肌肉和神经功能，保持心跳节律稳定，骨骼强壮，以及肌肉和神经功能。

食物：绿色蔬菜、坚果、马铃薯、奶制品、大豆、藜麦，以及全麦。

建议量：300~400mg/d（毫克/日）。

最大量：除补剂和强化食物外无最大剂量限制，补剂和强化食物中350mg/d（毫克/日）。

钾

功能：控制心肌与骨骼肌的肌电活动，构成蛋白质和肌肉。

食物：马铃薯、香蕉、酸奶、牛奶、黄鳍、金枪鱼、大豆、水果和蔬菜。

建议量：4700mg/d（毫克/日）。

最大量：最大剂量限制未知，但摄入过高剂量钾元素可致死。

钠

功能：对体液平衡至关重要。

食物：添加盐的食物。

建议量：1500mg/d（毫克/日）。

最大量：2300mg/d（毫克/日）。

硒

功能：保护细胞免受损伤，调节甲状腺功能和免疫系统。

食物：动物内脏、海鲜、奶制品、金枪鱼罐头、一些在富硒土壤中生长的植物，巴西坚果。

建议量：55mg/d（毫克/日）。

最大量：400mg/d（毫克/日）。

锌

功能：维持免疫系统和神经功能，对于生殖系统极其重要。

食物：红肉、禽类、某些海鲜、特定的牡蛎、强化谷物。

建议量：11mg/d（毫克/日）。

最大量：40mg/d（毫克/日）。

碘

功能：帮助形成甲状腺激素。

食物：海藻、海鲜、奶制品、加工食品、加碘食盐。

建议量：150mg/d（毫克/日）。

最大量：1100mg/d（毫克/日）。

磷

功能：骨骼生长所需，以及促使产生能量。

食物：牛奶及其他奶制品、肉类、豆类、鸡蛋、某些谷物和面包。

建议量：700mg/d（毫克/日）。

最大量：4000mg/d（毫克/日）。

总结

维生素和矿物质对人类至关重要。大多数运动员可以通过均衡、多样化的饮食获取所有需要的维生素和矿物质，但当运动员处于严格的饮食期间，或面临特殊挑战时，如高原训练期间，则需特别注意。

复习题

1. 铁元素、维生素B_{12}、维生素D有何功能？
2. 何时需要补充维生素和矿物质？
3. 摄入维生素和矿物质的理想方式是什么？

11. 提高运动成绩的促力剂

在足球运动中使用饮食补充是很普遍的，然而很少会有健全的研究基地支持产品研发，有些甚至可能对运动员有害。在不可能从食物中增加摄入的情况下，补品可能会有帮助，但补品并不能弥补食物种类和数量不足。许多运动员在服用补剂时缺乏必要的谨慎，并且忽视了本章所讨论的反兴奋剂规则的风险。

如果处理得当，一些补剂可能会提高运动成绩。这其中包括咖啡因、肌酸，碳酸氢盐和甜菜根汁。本章将介绍这些内容，还将简要介绍抗氧化剂的使用。丙氨酸也是一种缓冲补剂，可能对球员的成绩有积极影响，但还不清楚它是否有益于足球比赛。然而，运动员应该注意的是，大多数丙氨酸补充剂常会带来副作用：一种持续约1小时的刺痛感。

应该强调的是，建议食用提高运动成绩的物质并不是我们的本意。教练员和运动员，必须在医学指导下决定是否在比赛和日常生活中使用这些物质。最近的研究表明，每天在训练中使用咖啡因和抗氧化剂等物质会降低训练的效果。

咖啡因

大多数西方成年人每天饮用咖啡、茶或含咖啡因的软饮料（不含酒精）。表11-1显示了这些食物中咖啡因的相对含量。咖啡因易在胃和肠中被吸收，摄入45 ~ 60分钟后出现血液峰值水平。一旦进入血液，咖啡因会在体内引起各种反应。例如，咖啡因对大脑有刺激作用，使血压、心率、胃酸分泌、脂肪释放和利用均加强。这些影响可以持续12个小时，但在频繁使用的几天内，身体会对咖啡因产生耐受性。

表11-1 不同产品中咖啡因含量

产品	规格（ml）	咖啡因（mg）
咖啡		
现煮咖啡	230	90 ~ 170
速溶咖啡	230	60
浓缩咖啡	30	45 ~ 65
拿铁咖啡	230	60 ~ 130
茶		
现煮红茶	230	25 ~ 50
现煮绿茶	230	25 ~ 30
苏打饮料		
可乐	230	25 ~ 45
能量饮料		
能量饮	230	25 ~ 170
能量枪	30	40 ~ 100

咖啡因对运动成绩的影响

有实验对口服咖啡因对剧烈间歇性运动成绩的影响进行了研究。在一项研究中，休闲团体运动员完成了两次Yo-Yo间歇性恢复测试水平2，其中一次测试之前摄入咖啡因6毫克/公斤体重，另一次则服用安慰剂饮料。在Yo-Yo测试中，摄入咖啡因比安慰剂效果好16%（图11-1）。在另一项平行研究中也观察到，摄入咖啡因后，剧烈间歇运动期间肌细胞周围钾离子浓度明显降低，这可能就是为什么运动和训练效果更好的原因（见《足球运动和训练生理学》）。因此，在剧烈间歇运动中，比如足球比赛，咖啡因的摄入似乎可以增强疲劳抵抗力。研究还发现，女性团体项目运动员在间歇运动中，摄入咖啡因会增强其知觉反应。

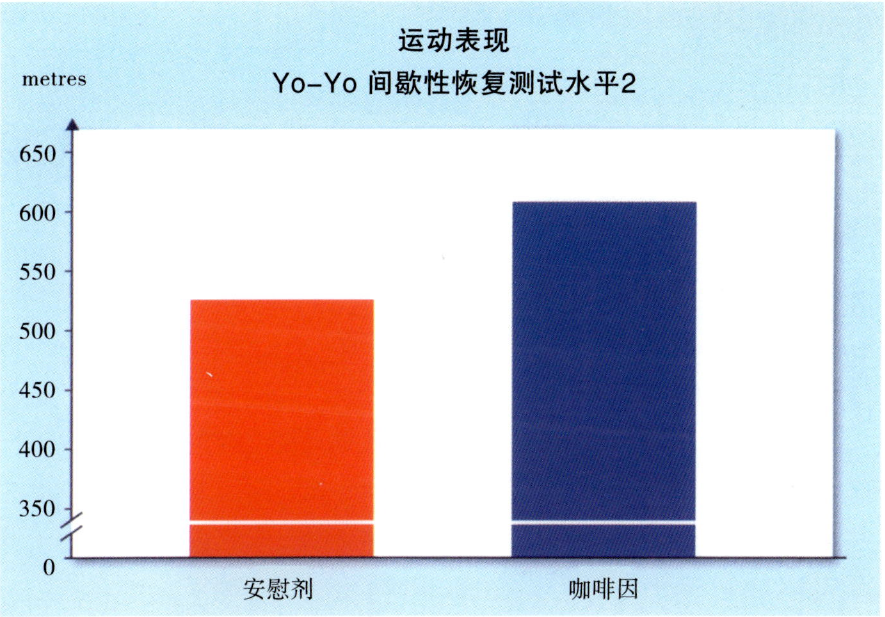

图11-1

休闲团体运动员在Yo-Yo间歇性恢复测试水平2期间，分别摄入6毫克/公斤体重咖啡因（蓝柱）及安慰剂饮料（红柱）后的运动成绩。值得注意的是，在测试前摄入咖啡因的选手运动成绩提高了16%。

此外，在另一项咖啡因的补充对足球比赛运动和疲劳发展的影响研究中，未观察到任何影响。两家专业足球俱乐部的青年队（年龄约17岁）进行了两场为期7天的实验比赛。在一场比赛前，球员摄入6毫克/公斤体重的咖啡因，在另一场比赛前65分钟摄入安慰剂（葡萄糖）。咖啡因组和安慰剂组在距离（10062：9854米）、高强度跑步（557：642米）、冲刺距离（109：112米）或加速次数（123：126）上没有差异。相应比赛后的Yo-Yo间歇性恢复测试水平2成绩与比赛测试没有区别（829：819米）。显然，在这些年轻的足球运动员进行比赛时，口服咖啡因并没有产生促力效应。

摄入剂量为3～5毫克/公斤体重的咖啡因，可以提高耐力和短期剧烈运动的成绩。然而，不同个体的结果可能相差很大。一些运动员并没有从咖啡因的摄入中获益，而另一些运动员可能会有运动能力下降的现象，这通常是受咖啡因的副作用影响。

如何摄入咖啡因

咖啡因存在于许多常见饮料中，如茶、咖啡和运动食品，运动食品比如口嚼胶和运动饮料，例如提神饮料和口香糖。通常情况下，摄入这些产品可以为人体提供2～3毫克/公斤体重的咖啡因，例如，一杯现煮咖啡或750毫升可口可乐，可以提供100毫克的咖啡因。如果需要摄入更高剂量的咖啡因（>4毫克/公斤体重），就必须服用咖啡因药丸。

摄入咖啡因的副作用

大量摄入咖啡因可能会产生不良后果，比如过度亢奋和赛后睡眠障碍。虽然咖啡因在运动过程中不会明显改变水平衡或体温，但因为咖啡因是一种温和的利尿剂，所以会存在潜在的脱水问题。一些运动员可能还会出现与咖啡因引起的大肠痉挛有关的腹痛和腹泻。脱水和痉挛都会对运动成绩产生特别不利的影响。

肌酸

肌酸是许多运动员常用的物质。它是一种在人体内自然产生的物质。它也来自蛋白质丰富的食物，如肉和鱼。肌肉收缩过程中，肌酸转化为磷酸肌酸，有助于产生能量（三磷酸腺苷）。

肌酸对运动成绩的影响

人们已应用各种方案来研究补充肌酸对短期、间歇性、大强度运动的影响。最常见的补充方法是5天的服用期，每天大约20克肌酸。多项研究表明，在足球运动中，摄入肌酸可对高强度间歇性运动成绩产生积极影响。一项研究显示，在固定强度下进行5次6秒的高强度间歇性运动（间歇30秒），休息40秒后再进行10秒高强度间歇性运动，在运动前6天预先每天摄入20克肌酸，运动成绩可得到改善。然而，目前尚不清楚在比赛前补充肌酸能给球员带来多少好处。另外，由于摄入肌酸会导致水潴留，在肌酸摄入的第一天体重可能会增加几公斤，这可能会对运动表现产生负面影响。还应提到的是，关于耐力训练的研究并未显示出摄入肌酸有任何益处。此外，并不是每个人的肌肉都对肌酸有反应，所以有些人不会因补充肌酸而受益。

如何服用肌酸

一个已被证明有效的方法是在比赛前5天每天服用20克肌酸，或者每天5克服用2～3天，然后2～3克/天服用2～10天。这些剂量远远高于普通食物（肉类和鱼类）。肌酸很容易以粉末、药片、能量棒和混合饮料的形式在超市、健康和营养商店及互联网上获得。人们应该小心，因为这些产品可能会含有非法物质。

有趣的是，一项针对间歇性高强度运动的研究发现，咖啡因完全消除了肌酸的促力效应。尽管如此，一些常见的补剂，如含有多种成分的粉末状饮料混合物，都含有肌酸和咖啡因。

摄入肌酸的副作用

有证据表明，补充肌酸也有助于增加肌肉中的糖原储量（参见第3章）。补充肌酸似乎不会对健康有害，但长期服用肌酸补剂的效果尚不清楚。

> 不要摄入肌酸和咖啡因的混合物。

碳酸氢钠

就像在小苏打中发现的那样，碳酸氢钠被广泛用于在几分钟内发生疲劳的赛事中，因为在比赛中小苏打可以部分中和周围的酸性物质。

碳酸氢钠对运动成绩的影响

现已证明，在重复剧烈运动中，事先摄入碳酸氢钠具有增强运动成绩的作用。

一项由随机测试组成的研究，对3名受试者进行了3种不同情况下的测试，测试内容为10次6秒冲刺，随后60秒休息恢复。第一种情况，受试者摄入300毫克/公斤体重的碳酸氢钠（溶于450毫升饮料）。第二种情况，受试者摄入270毫克/公斤体重的盐。第三种情况，受试者在测试前没有摄入任何饮料。与摄入盐（63.0KJ）和无饮水（59.6KJ）相比，摄入小苏打（69.8KJ）后重复冲刺中完成的总工作量更高。很明显，碳酸氢钠可以提高短跑成绩，但它是否可以提高足球比赛的成绩尚不清楚。如果运动强度较高的话，摄入300～400毫克/公斤体重的碳酸氢钠也可以改善其他类型的运动。

如何服用碳酸氢钠

将300～400毫克/公斤体重剂量的碳酸氢钠溶于至少0.5升水内，于赛前60～90分钟内摄入——它可以被看作是小苏打，市面上有各种商业配方。人们应该仔细查阅产品标签，选择只含有小苏打的产品，且饮用前应在水中充分溶解，慢饮20～30分钟。冰镇可提升口感，也可以添加少量果汁用以调味。小苏打可在运动营养药片中获取。通过训练获得试用碳酸氢钠补剂的使用经验。

摄入碳酸氢钠的副作用

摄入碳酸氢钠通常有副作用。胃肠疼痛是最常见的症状之一，表现为痉挛、呕吐和腹泻。避免方法之一是在开始时以低剂量补充，例如，每公斤体重100～200毫克，然后慢慢增加至建议的范围。随后剂量可以在几次训练中逐渐增加。

不幸的是，补充碳酸氢钠偶尔也会有更严重的副作用，包括肌肉痉挛、虚弱、强直、过敏、心律失常和反应淡漠。因此，对碳酸氢钠感兴趣的运动员在使用之前，应该咨询他们的医疗服务者。孕期、哺乳期运动员，高血压和/或心脏病、肾病或肾结石、或有电解质紊乱史者，不应补充碳酸氢钠。

硝酸甜菜根汁

近年来，甜菜根汁作为一种潜在的增强运动成绩的物质，已经引起了广泛的关注。甜菜根含有大量的无机硝酸盐，它是人体所需的一种重要分子——一氧化氮的前体。一氧化氮是我们体内自然产生的，但其含量可以通过食用富含硝酸盐的食物获得显著提高。在其他方面，一氧化氮增加收缩肌肉时血管的管径，使更多的氧气进入肌肉。

硝酸盐对运动成绩的影响

为了研究补充硝酸盐是否会提高高强度间歇性运动的成绩，一项研究招募了14名男性休闲团队的运动员，他们的最大摄氧量为52ml/（kg·min）。一次测试中，受试者饮用490毫升浓缩甜菜根汁，另一次测试中，在Yo-Yo间歇性恢复测试水平1开始前约30小时内，饮用不含硝酸盐的安慰剂汁。此研究为双盲实验，这意味着无论是被试者还是研究人员，都不知道被试何时饮用何种饮料。结果是饮用甜菜根汁Yo-Yo测试的表现比饮用安慰剂效果好4%（图11-2）。

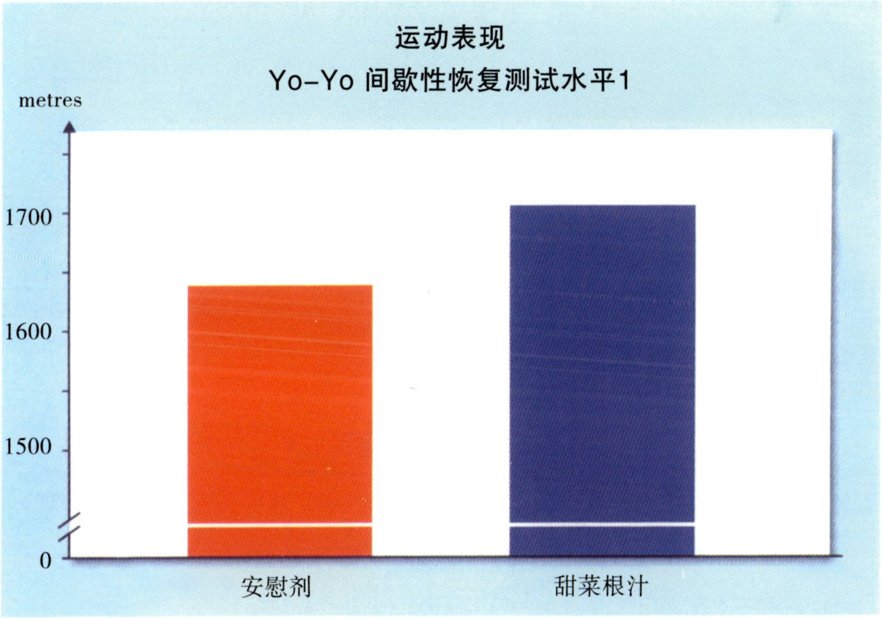

图11-2

男子休闲团队运动员在预先摄入甜菜根汁（蓝柱）和安慰剂（红柱）的Yo-Yo间歇性恢复测试水平1中的表现。注意，饮用甜菜根汁后，测试者的表现明显更好。

因此，看起来甜菜根汁对间歇性运动表现有积极作用，在足球比赛中或许也是如此。许多以未经训练和中等训练程度者为研究对象，对比了甜菜根汁对不同运动的影响。在众多研究中发现，运动效果得到了提高。然而，有些被试者没有反应，摄入甜菜根汁似乎对训练有素的人没有效果，所以它不能被推荐给高水平球员。

如何服用甜菜根汁

摄入500毫升（约2杯）的甜菜根汁会让人消化不良。粉末状和浓缩果汁的替代品目前在市场上随处可见。甜菜根汁可以在比赛前30小时内服用，或者在赛前2～3小时服用。一个步骤是在比赛前一天的早晚服用2×70毫升浓度的甜菜根汁，在比赛当天的早上服用2×70毫升浓度的甜菜根汁，在比赛前两小时服用1×70毫升浓度的甜菜根汁。球员应注意在比赛中使用这个程序之前，先在训练中获得使用经验。

甜菜根中的硝酸盐会被唾液中的细菌转化为亚硝酸盐。这是一个不可忽视的重要步骤。这种转换不是瞬间发生的，而且在饮用甜菜根汁后立即使用漱口水或牙膏，可能会将唾液中的硝酸盐冲洗掉。因此，缓慢饮用甜菜根汁可能会增加硝酸盐与这些细菌接触的时间，增加对亚硝酸盐的转化。

甜菜根汁的替代品

许多蔬菜含有大量的无机硝酸盐，可以作为甜菜根的替代品，可以确保运动员在正常饮食中获得足够的硝酸盐。表11-2显示了其他常见蔬菜的硝酸盐含量。

表11-2　不同蔬菜硝酸盐含量

蔬菜	硝酸盐含量（mg/kg）	硝酸盐含量（mmol/80g）
芝麻菜	2600	3.35
菠菜	2150	2.75
莴苣	1900	2.45
小萝卜	1870	2.40
甜菜根	1460	1.90

值得注意的是，研究表明烹饪可以显著降低甜菜根汁中的硝酸盐含量。因此，将甜菜榨汁或浓缩是摄取甜菜根的首选方法。对于其他高硝酸盐的蔬菜，如菠菜，轻蒸不会影响硝酸盐的有效性。

抗氧化剂

抗氧化剂在保护身体组织对剧烈运动的应激反应方面很重要。艰苦的训练会增加抗氧化剂的需求，但在饮食均衡条件下，身体会自然产生出一种有效的防御机能。我们无法推荐一些补充抗氧化剂，因为几乎没有证据表明它有好处。相反，过度补充会削弱人体的自然防御系统。一些研究表明，当服用抗氧化剂时会使运动训练产生负面影响。

使用补剂的风险

在尝试之前，运动员应该仔细考虑使用补剂的风险和收益。一些补剂是在不卫生的条件下制备的，含有可能引起胃肠道问题的毒素。其他包括未在标签上注明的成分。膳食补剂中普遍含有可能导致运动员兴奋剂检测不合格的物质。任何商业补剂的纯度是得不到保证的。补剂中还有可能存在禁用的化合物，包括促激素和兴奋剂，但不会在标签上声明。明智的运动员需要有充分的理由来使用补剂，并且在决定使用它之前要进行一个低风险的测试。因为“不知情”不能当作兴奋剂检测结果呈阳性的借口。

总结

只有少数膳食补剂可能对足球运动有积极的作用，包括咖啡因、肌酸、碳酸氢盐和硝酸盐，但其效果可能很小或根本不存在，尽管如此，运动员在尝试使用之前应该仔细衡量补剂的回报效应。

复习题

1. 列举一些含有咖啡因的产品。
2. 摄入咖啡因对间歇性运动表现有哪些影响?
3. 为什么肌酸对间歇性运动有积极作用?
4. 需要服用多少肌酸才会有显著效果?
5. 为什么摄入碳酸氢钠可以提高运动表现?
6. 摄入碳酸氢盐会产生何种副作用?
7. 摄入甜菜根汁有何效果?
8. 是否有运动员摄入甜菜根汁后并未获得良好效果?
9. 抗氧化剂有何作用?

12. 特定人群和条件

本章将介绍与女性、青少年运动员以及素食者有关的具体内容。此外，还将讨论有关文化、斋月和旅行的话题。

女性运动员

对女性足球运动员饮食习惯的研究很少，但信息表明，她们的饮食习惯和主要的营养关注点与男性运动员和其他女性运动员没有区别。然而，应该解决一些与女性生理和文化有关的具体问题。

一些女性运动员为了达到一个不切实际的体重和脂肪水平而感到压力。她们限制食物的摄入，这可能会降低短期的运动成绩和长期的健康，也可能会损害生殖系统和骨骼肌肉系统。限制食物摄入也会导致疲劳、训练量减少、降低能量消耗，从而导致体重增加。体重控制需要仔细的管理（参见第8章）。明显减少能量摄入，特别是蛋白质和碳水化合物的摄入是错误的。

缺铁

由于月经失血，使女性增加了对铁的需求，缺铁的风险便增加了。缺铁可能是造成疲劳和性功能降低的原因之一。食用富含铁的食物，如每周3~5次适量食用红肉（良好地吸收铁），可以降低患病的风险；食用含高铁的谷物产品，如早餐谷物食品或混合植物和非肉类来源的铁。例如，豆类、鸡蛋和绿叶蔬菜。最理想的是，这样的饮食选择应该伴随着促进铁吸收的食物，其中包括肉类、鱼类、鸡肉和维生素C。例如，红辣椒（肉类和豆类）和水果及早餐谷物类食品。

青少年运动员

每周的训练和比赛数量取决于运动员的年龄和能力，可能从一周一次训练、一场比赛变为一周7次以上的训练和两场比赛。显然，这对营养的需求是不同的。然而，基本营养对生长、提供能量、实现良好的健康和学业成就都是很重要的。能量不足会导致身材矮小、青春期延迟、月经失调、肌肉质量下降并易感疲劳，受伤和疾病的风险增加。能量过剩会导致过度的体重增加和肥胖。特别是在儿童和青春期的生长过程中，需要有足够的能量、蛋白质和矿物质方面的营养支持。

在青春期之前，男孩和女孩的营养和能量需求是相似的。因为活动水平、年龄、生长速度和身体成熟阶段的不同，所以运动员的能量需求更加多变。应特别注意那些向职业或精英球员发展的年轻球员。这可能会对这些年轻球员造成沉重的身体负担，并需要一种营养策略。然而，球员的发展可能还没有完全掌握营养知识和时间管理技能，以适应所有需要的饮食场合，实现高能量和营养丰富的饮食。

需要的营养物质

对于青少年运动员来说，碳水化合物的摄入量应占总热量的50%～65%。适当的碳水化合物来源包括全谷物、水果、蔬菜、牛奶和酸奶。蛋白质应占总能量摄入的20%～30%。它可能来自瘦肉、家禽、鱼、蛋、乳制品、豆类和坚果。脂肪可能占总能量摄入的20%～30%。饱和脂肪不应超过总能量摄入的10%。良好的脂肪摄入来源包括瘦肉和家禽、鱼、坚果、种子、乳制品、橄榄油和菜籽油。薯片、糖果、油炸的高脂肪食物和烘焙食物应尽量减少（参见第2章）。

需要的微量元素

应注意确保青少年运动员摄入适量的钙、维生素D和铁。钙对骨骼发育、酶活性和肌肉收缩很重要。建议钙的摄入量是每天1300毫克。有多种含钙食物和饮品，包括牛奶、酸奶、奶酪、花椰菜、菠菜和强化谷物产品（参见第10章）。

维生素D对骨骼健康至关重要，它参与钙的吸收和调节。建议青少年运动员每天摄入600IU维生素D，这还取决于所处的地理位置和种族。生活在北纬地区的运动员更容易缺乏维生素D。维生素D的来源包括阳光照射和强化食品，如牛奶（参见第10章）。

在青少年时期，含铁量影响着血容量的增长和瘦肌质量的提高。男孩和女孩在青春期前应每天摄入约8毫克的铁，以避免耗尽铁储备和缺铁性贫血。青少年男性每天需要大约11毫克，女性每天需要大约5毫克。在食用肉类、鱼类和家禽较少的节食者，或在排出的粪便、尿液、汗或经血中含铁高的运动员中缺铁很常见。因此运动员，特别是女性和素食者，应定期检查含铁量。富含铁的食物包括瘦肉、鸡蛋、绿叶蔬菜和强化全谷物（参见第10章）。

儿童和青少年的生理不同于成人的几个方面。儿童的体温调节机制效率较低，在炎热或寒冷的日子里，应特别注意环境、活动模式、添加衣物和水分的摄入，以避免出现体温过高和体温过低的问题。

养成良好的饮食习惯

应鼓励运动员从小培养良好的营养饮食习惯。青少年是一个在食物选择和准备方面更加独立的时期。对运动锻炼成功的渴望，可能会为培养良好的饮食习惯提供有力的动力。信息和良好的榜样可以帮助青少年在日常饮食中养成良好的饮食习惯，并为比赛做些具体饮食计划。然而，青少年的教练员可能不了解运动员的身体需求和营养需求。因此，对这些教练员进行相关方面的科普是很重要的，这样他们可以引导运动员养成良好的饮食习惯。

运动量大的青少年确实需要吃很多食物。许多青少年球员渴望提高他们的成长速度和肌肉的发展速度，以追求成年球员的体格。然而，生长和成熟是由基因决定的，而目标是确保孩子摄入均衡的饮食，以求得最大限度地提高增长和训练计划的效果。父母和球员自身应该意识到，青少年球员摄入大量不必要的膳食补充并不是通往成功的捷径。

素食和素食主义者

素食者不吃肉类，例如红肉、家禽和海鲜，也可能包括不吃动物屠宰的副产品。素食者也不吃任何动物产品，例如牛奶和鸡蛋。

素食者关注的一个问题是蛋白质摄入量是否足够高。素食者的饮食中蛋白质含量低于肉类，但如果有多种可供食用的含高蛋白植物，则可满足日常所需。南瓜籽、花生酱、麻子仁、杏仁、亚麻籽、豆腐、燕麦、大豆和核桃，都是素食者蛋白质的良好来源。常见的顾虑为从蔬菜中获得蛋白质是否能够满足必需氨基酸的摄取，乳蛋素食主义者必需的氨基酸是由人体不能合成的少量奶制品和蛋制品中获得的，有几种蔬菜是获取相当数量的8种必需氨基酸的来源，包括羽扇豆、大豆、麻子仁、芡欧鼠尾草种子、荞麦、南瓜籽、螺旋藻和藜麦。必需氨基酸也可以通过食用多种互补的植物来获得，这些植物结合起来提供了所有8种必需氨基酸，如糙米和豆类，或者鹰嘴豆和全麦皮塔饼（可加不同馅料的面饼），尽管在同一餐中一些蛋白质是没有必要的。

西方素食者的饮食中欧米伽-3（omega-3）脂肪酸和维生素B_{12}含量相对较低。如果他们不吃足够的甘蓝、绿叶蔬菜和豆腐（大豆），维生素B和钙的摄入量会很低。大量膳食纤维、叶酸、镁、维生素C和E以及低饱和脂肪的摄入，都被认为是素食饮食的有益方面。

精心计划的素食食谱可以提供所需的全部营养。因此，素食或成为素食主义者并不是一种劣势。不过，这些球员必须更清楚自己选择的食物。如果饮食中没有动物性食物，那么维生素B_{12}的补充可能是必要的。运动员还必须特别注意确保饮食中含有足够的来自植物中的铁，并与其他有助于铁吸收的食物结合食用。例如，吃含维生素C的早餐麦片、喝一杯橙汁。乳制品也应包括在饮食中，以确保充足的钙摄入量。

文化及地区问题

许多高水平球队的球员来自世界各地。他们有不同的种族、文化和社会经济背景。因此，他们在家里可能有不同的饮食习惯。同样，来自世界各地的团队也有不同的营养“习惯”，然而他们却有相同营养目标。幸运的是，各色各样的食物组合可以达到这样的营养目标。从正常的食物中可以获得必要的营养，而且许多不同的食物可以交换：好的碳水化合物来源可能是面包、土豆、意大利面、大米、粗麦粉和玉米粥。蛋白质将由许多不同的食物提供，如肉类、鱼类、蛋类和乳制品，以及面包、意大利面、谷类、豆类和小扁豆。

水果和蔬菜也是运动员必需的，尽管许多主要的或最受欢迎的食物在全球范围内出口，但仍然会因地区而异。现在我们的饮食习惯比以前更国际化，运动员可以享受来自世界各国的食物。

斋月

穆斯林运动员在斋月期间有一些独特的挑战，他们在白天要避免固体和流体食物的摄入。所以要更改训练时间，以确保充足的水合作用，特别是在炎热天气和高纬度地区。在斋月期间进行比赛，运动员应该意识到事先的准备是必要的，以确保身体内良好的肝糖原和肌糖原储备以及良好的水合作用。如果运动员做好了充分的准备，他们的表现就不会受到影响。因此，在一项研究中得出的结论是，遵守斋月要求，在特定环境里，禁食的国家级的年轻男性运动员的幸福感和比赛表现变量不会受到影响。

斋月期间的饮食和训练

研究表明，斋月期间禁食对饮食组成有一些影响，即使饮食形式和斋月前相比，有很大差异，这种影响一般还是很小的。在斋月期间，蛋白质的摄入比例增加，而碳水化合物的摄入比例减少。而且，饮食中的铁含量减少。因此，在斋月期间摄取高铁含量的食物是明智的。

斋月中第三周的训练，在禁食运动员最后一次饮食后平均训练11个小时内，我们观察到禁食运动员组和未禁食运动员组的训练总负荷是一样的。即使禁食运动员在斋月期间对训练的准备比斋月前有些不充分，但相比他们在斋月前或者斋月中未禁食的那组运动员，他们（禁食运动员）在斋月期间训练中的主观努力和训练困难却并未增加。与斋月前相比，禁食运动员在斋月期间的训练更容易口渴、饥饿和疲劳，集中注意力的能力稍差。

在斋月期间，禁食组运动员每晚的睡眠时间减少1个小时，但是两个组都没发现睡眠质量发生改变。在斋月后的前两周，禁食运动员组出现的一些变化，已恢复到斋月前的水平。

制定应对斋月的策略

运动员已经制定了应对斋月严格的策略，包括身体（训练计划调整、饮食习惯、休息和恢复）与情绪（耐心、情绪准备）方面。有些策略可以真正地帮助运动员符合斋月的要求。然而，一项研究表明，在参加2012年伦敦奥运会足球锦标赛的54名球员中，30%的球员对斋月禁食，以及对睡眠和比赛表现的影响缺乏了解。因此，有必要让运动员了解斋月期间的训练和食物营养的安排。

旅行

职业运动员经常要去很远地方参加比赛，这意味着他们花了很多时间在路上，而且要在远离家乡的地方生活。这些旅行通常很短，但在国际比赛中，这些旅行可能很长，而且会改变生活环境。这种情况也经常发生在锦标赛、准备期训练营和巡回比赛中。然而，旅行过程也会带来一些挑战：

- 打乱正常的训练计划和生活方式。
- 气候和环境的变化会产生不同的营养需求。
- 时差。
- 食物供应的变化包括缺少重要的和经常吃到的食物。
- 三餐来自酒店、餐厅和外卖，而不是熟悉的家庭烹饪。
- 接触新的食物和饮食文化。
- 各种自助餐的诱惑。
- 因卫生标准较差，接触的食物和水会导致发生肠胃疾病的风险。
- 来自新环境的兴奋性和干扰性。

因此，按照下文所述的情况进行准备和规划是很重要的。

计划

在出发前调查目的地的食物种类和可用性。这可能有助于规划能供应的有用的食物，对于遗漏的重要营养素替代补充。与目的地的餐饮组织者联系，让他们知道用餐时间和菜单的特殊需求。制定一个旅途中的饮食计划，包括最好的食物供应，如航空公司餐饮和餐厅，以及自备的零食。

在旅途中吃好、喝好

在适当的时候补充适量的能量和营养，避免不必要的进食。球员应该只在真正需要的时候吃。要注意在空调车和机舱内看不见的水分流失，需要制定一个有助于保持水分的饮料计划。

适应当地环境

当到达一个新的地区时，旅行开始时采取适合自己目的的饮食方式。这将有助于调整你的生物钟。

注意食物和饮水卫生

注意当地的饮水是否安全。如果有风险，应饮用密封的瓶装水和其他饮料或煮沸的饮水。小心将冰加到饮料中，因为它通常是由自来水制成的。在高危地区，刷牙时应用瓶装水，洗脸或洗澡时避免吞咽水。

在高风险的环境中，要坚持食用好酒店或知名餐厅生产的食品。避免吃当地摊位和市场上的食物，尽管这通常是为了获得真正的文化体验。坚持食用熟透的食物，避免食用当地生长的食材制作的沙拉或食用未去皮的水果。

自带食物

表12–1为建议旅行时的携带用品。

表12-1 旅行必备

干果和坚果
年糕
涂抹酱，如花生酱、蜂蜜和果酱
早餐麦片和奶粉
麦片谷物和早餐谷物棒
速溶运动饮料和液体膳食补充剂
运动能量棒

禁止过量饮食

旅行时，如果团队自带厨师并在单独的餐厅内吃饭这是最好的，但通常这是不可能的。尽管如此，球员还是应该避免“随便吃”的饮食方式，应依据在家常吃的食谱，做一个满足新的营养需求的饮食计划。通常情况下，球员会对所有的食物感到兴奋，并想尝试所有的东西。球员应避免在餐厅逗留闲逛娱乐。它往往会导致球员计划外的不必要的饮食。

合理的饮食包括定时、适时地吃，以及一些精心挑选的零食。如果餐饮安排只提供正餐，要确保餐单中包含一些可带走的满足零食需求的物品。

总结

对于一些特定群体，可能会有一些特定的挑战，可以通过简单的方法来克服，只是要意识到他们的一些需求。有些时候需要特别注意，如斋月和旅行，但如果有明确的计划，这些时期也可以适当进行饮食安排管理。

复习题

1. 如何满足女性运动员们对铁的需求?
2. 在斋月期间，您有什么饮食建议?
3. 关于素食和素食主义者应该特别注意哪些具体问题?
4. 列举至少3个在国外训练期间最为重要的营养因素。

参考文献与推荐阅读

Ali, A., O'Donnell, J., Von Hurst, P., Foskett, A., Holland, S., Starck, C. & Rutherfurd-Markwick, K. (2016). Caffeine ingestion enhances perceptual responses during intermittent exercise in female team-game players. J Sports Sci. 34: 330-341.

Anderson, L., Orme, P., Di Michele, R., Close, G.L., Morgans, R., Drust, B. & Morton, J.P. (2016). Quantification of training load during one-, two- and three-game week schedules in professional soccer players from the English Premier League: implications for carbohydrate periodisation. J Sports Sci. 34: 1250-1259.

Anderson, L., Orme, P., Naughton, R.J., Close, G.L., Milsom, J., Rydings, D., O'Boyle, A., Di Michele, R., Louis, J., Hambley, C., Speakman, J.R., Morgans, R., Drust, B. & Morton, J.P. (2017). Energy intake and expenditure of professional soccer players of the English Premier League: Evidence of carbohydrate periodization. Int J Sport Nutr Exerc Metab. 4: 1-25.

Areta, J.L., Burke, L.M., Ross, M.L., Camera, D.M., West, D.W., Broad, E.M., Jeacocke, N.A., Moore, D.R., Stellingwerff, T., Phillips, S.M., Hawley, J.A. & Coffey, V.G. (2013). Timing and distribution of protein ingestion during prolonged recovery from resistance exercise alters myofibrillar protein synthesis. J Physiol. 591: 2319-2331.

Balsom, P.D., Söderlund, K., Sjödin, B. & Ekblom, B. (1995). Skeletal muscle metabolism during short duration high-intensity exercise: influence of creatine supplementation. Acta Physiol Scand. 154: 303-310.

Bangsbo, J., (2007). "Aerobic and Anaerobic Training in Football", www.bangsbosport.com.

Bangsbo, J. (2012). "Exercise and Training Physiology - A Simple Approach", www.bangsbosport.com.

Bangsbo, J. & Mohr, M. (2012). "Fitness Testing in Football", www.bangsbosport.com.

Bangsbo, J. & Mohr, M. (2015). "Individual Training in Football", www.bangsbosport.com.

Bangsbo. J. & Andersen, J. (2014). "Power Training in Football", www.bangsbosport.com.

Bangsbo, J. (1994). The physiology of soccer with special reference to intense intermittent exercise. Acta Physiol Scand. 151: Suppl. 619.

Bangsbo, J. & Fiorenza, M. (2016). The application of the Yo-Yo intermittent recovery tests to the soccer population. In: Science and Football VIII. Eds Bangsbo, J., Krustrup, P., Hansen, P.R., Ottesen L. & Elbe, A.M. Routledge, London; pp 13-29.

Bangsbo, J. & Krustrup, P. (2009). Physical demands and training of top class soccer players. In: Science and Football VI. Eds. Reilly, T. & Korkusuz, F. Routledge, London, pp 318-331.

Bangsbo, J., Nørregaard, L. & Thorsøe, F. (1992). The effect of carbohydrate diet on intermittent exercise performance. Int. J. Sports Med. 13: 152-157.

Bartlett, J.D., Hawley, J.A. & Morton, J.P. (2015). Carbohydrate availability and exercise training adaptation: Too much of a good thing? Eur J Sport Sci. 15: 3-12.

Bettonviel A., Brinkmans, N., Russcher, K, Wardenaar F.C. & Witard O.C. (2016). Nutritional status and daytime pattern of protein intake on match, post-match, rest and training days in senior professional and youth elite soccer players. Int J Sport Nutr Exerc Metab. 26: 285-293.

Bolster, D.R., Pikosky, M.A., Gaine, P.C., Martin, W., Wolfe, R.R., Tipton, K.D., Maclean, D., Maresh, C.M. & Rodriguez, N.R. (2005). Dietary protein intake impacts human skeletal muscle protein fractional synthetic rates after endurance exercise. Am J Physiol. 289: E678-E683.

Breen, L., Philp, A., Witard, O.C., Jackman, S.R., Selby, A., Smith, K., Baar, K. & Tipton. K.D. (2011). The influence of carbohydrate-protein co-ingestion following endurance exercise on myofibrillar and mitochondrial protein synthesis. J Physiol. 589: 4011-4025.

Burke, L.M. (2010). Fuelling strategies to optimise performance-training high or training low? Scand J Sports Med Sci. 20: 11-21.

Burke, L.M., Winter, J.A., Cameron-Smith, D., Enslen, M., Farnfield, M. & Decombaz, J. (2012). Effect of intake of different dietary protein sources on plasma amino acid profiles at rest and after exercise. Int J Sport Nutr Exerc Metab. 22: 452-462.

Camera, D.M., West, D.W., Phillips, S.M., Rerecich, T., Stellingwerff, T., Hawley, J.A. & Coffey, V.G. (2015). Protein ingestion increases myofibrillar protein synthesis after concurrent exercise. Med Sci Sports Exerc. 47: 82-91.

Chandler, R.M., Byrne, H.K., Patterson, J.G. & Ivy, J.L. (1994). Dietary supplements affect the anabolic hormones after weight-training exercise. J Appl Physiol. 76: 839-845.

Christensen, P.M., Petersen, M.H., Friis, S.N. & Bangsbo, J. (2014). Caffeine, but not bicarbonate, improves 6 min maximal performance in elite rowers. Appl Physiol Nutr Metab. 39: 1058-1063.

Close, G.L., Hamilton, D.L., Philp, A., Burke, L.M. & Morton, J.P. (2016). New strategies in sport nutrition to increase exercise performance. Free Radic Biol Med. 98: 144-158.

Cochran, A.J., Little, J.P., Tarnopolsky, M.A. & Gibala, M.J. (2010). Carbohydrate feeding during recovery alters the skeletal muscle metabolic response to repeated sessions of high-intensity interval exercise in humans. J Appl Physiol. 108: 628-636.

Collins, J., McCall, A., Bilsborough, J. & Maughan, R. (2017). Football nutrition: time for a new consensus? Br J Sports Med. doi: 10.1136/bjsports-2016-097260. [Epub ahead of print]

Cox, G.R., Clark, S.A.,, Cox, A.J., Halson, S.L., Hargreaves, M., Hawley, J.A., Jeacocke, N., Snow, R.J., Yeo, W.K. & Burke, L.M. (2010). Daily training with high carbohydrate availability increases exogenous carbohydrate oxidation during endurance cycling. J Appl Physiol. 109: 126-134.

De Bock, K., Derave, W., Eijnde, B.O., Hesselink, M.K., Koninckx, E., Rose, A.J., Schrauwen, P., Bonen, A., Richter, E.A. & Hespel, P. (2008). Effect of training in the fasted state on metabolic responses during exercise with carbohydrate intake. J Appl Physiol. 104: 1045-1055.

Garcia-Roves, P., Huss, J.M., Han, D.H., Hancock, C.R., Iglesias-Gutierrez, E., Chen, M. & Holloszy, J.O. (2007). Raising plasma fatty acid concentration induces increased biogenesis of mitochondria in skeletal muscle. Proc Natl Acad Sci. 104: 10709-10713.

Greenhaff, P.L., Casey, A., Short, A.H., Harris, R., Soderlund, K. & Hultman, E. (1993). Influence of oral creatine supplementation on muscle torque during repeated bouts of maximum voluntary exercise in man. Clin Sci. 84: 565-571.

Gunnarsson, T.P., Bendiksen, M., Bischoff, R., Christensen, P.M., Lesivig, B., Madsen, K., Stephens, F., Greenhaff, P., Krustrup, P. & Bangsbo, J. (2013). Effect of whey protein- and carbohydrate-enriched diet on glycogen resynthesis during the first 48 h after a soccer game. Scand J Med Sci Sports. 23: 508-515.

Hawley, J.A. (2013). Nutritional strategies to modulate the adaptive response to endurance training. Nestle Nutr Inst Workshop Ser. 75: 1-14.

Hoerner, N.R., Domnik, K., Koehler, K., Schaenzer, W. & Braun, H. (2017). Case study: Hydration intervention improves pre-game hydration status in female collegiate soccer players. Int J Sport Nutr Exerc Metab. 7: 1-18.

Hostrup, M. & Bangsbo, J. (2016). Improving beta-alanine supplementation strategy to enhance exercise performance in athletes. J Physiol. 594: 4701-4702.

Hulston, C.J., Venables, M.C., Mann, C.H., Martin, C., Philp, A., Baar, K. & Jeukendrup, A.E. (2010).Training with low muscle glycogen enhances fat metabolism in well-trained cyclists. Med Sci Sports Exerc. 42: 2046-2055.

Iaia, F.M., Rampinini, E. & Bangsbo, J. (2009). High-intensity training in football. Int J Sports Physiol Perform. 4: 291-306.

Krustrup, P., Mohr, M., Amstrup, T., Rysgaard, T., Johansen, J., Steensberg, A., Pedersen, P.K. & Bangsbo, J. (2003). The Yo-Yo intermittent recovery test: physiological response, reliability and validity. Med. Sci Sports Exerc. 35: 697-705.

Krustrup, P., Mohr, M., Ellingsgaard, H., & Bangsbo, J. (2005). Physical demands during an elite female soccer game: importance of training status. Med Sci Sports & Exerc. 37: 1242-1248.

Krustrup, P., Mohr, M., Nybo, L., Jensen, J.M., Nielsen, J.J. & Bangsbo, J. (2006). The Yo-Yo IR2 test: physiological response, reliability, and application to elite soccer. Med Sci Sports Exerc. 38: 1666-1673.

Krustrup, P., Mohr, M., Steensberg, A., Bencke, J., Kjaer, M. & Bangsbo, J. (2006). Muscle and blood metabolites during a soccer game: implications for sprint performance. Med Sci Sports Exerc. 38: 1165-1174.

Krustrup, P., Ortenblad, N., Nielsen, J., Nybo, L., Gunnarsson, T.P., Iaia, F.M., Madsen, K., Stephens, F., Greenhaff, P. & Bangsbo, J. (2011). Maximal voluntary contraction force, SR function and glycogen resynthesis during the first 72 h after a high-level competitive soccer game. Eur J Appl Physiol. 111: 2987-2995.

Lane, S.C., Areta, J.L., Bird, S.R., Coffey, V.G., Burke, L.M., Desbrow, B., Karagounis, L.G. & Hawley, J.A. (2013). Caffeine ingestion and cycling power output in a low or normal muscle glycogen state. Med Sci Sports Exerc 45: 1577-1584.

Levenhagen, D.K., Carr, C., Carlson, Mg., Maron. D.J., Borel. M.J. & Flakoll, P.J. (2002). Postexercise protein intake enhances whole-body and leg protein accretion in humans. Med Sci Sports Exerc. 34: 828-837.

Lunn, W.R., Pasiakos, S.M., Colletto, M.R., Karfonta, K.E., Carbone, J.W., Anderson, J.M. & Rodriguez. N.R. (2012). Chocolate milk and endurance exercise recovery: protein balance, glycogen, and performance. Med Sci Sports Exerc. 44: 682-691.

Marquet, L.A., Brisswalter, J., Louis, J., Tiollier, E., Burke, L.M., Hawley, J.A. & Hausswirth, C. (2016). Enhanced endurance performance by periodization of carbohydrate intake: "Sleep Low" strategy. Med Sci Sports Exerc. 48: 663-672.

Maughan, R., Merson, S.J., Broad, N.P. & Shirreffs, S.M. (2004). Fluid and electrolyte intake and loss in elite soccer players during training. Int J Sport Nutr Exerc Metab. 14: 333-346.

Maughan, R.J., Watson, P., Evans, G.H., Broad, N. & Shirreffs, S.M. (2007). Water balance and salt losses in competitive football. Int J Sport Nutr Exerc Metab. 17: 583-594.

Miller, P., Robinson, A.L., Sparks, S.A., Bridge, C.A., Bentley, D. J. & McNaughton, L.R. (2016). The effects of novel ingestion of sodium bicarbonate on repeated sprint ability. J Strength & Cond Res. 30: 561–568.

Mohr, M., Krustrup, P. & Bangsbo, J. (2003). Match performance of high standard soccer players with special reference to development of fatigue. J Sports Sci. 21: 519-528.

Mohr, M., Nielsen, J.J. & Bangsbo, J. (2011). Caffeine intake improves intense intermittent exercise performance and reduces muscle interstitial potassium accumulation. J Appl Physiol. 111: 1372-1379.

Mohr, M., Nybo, L., Grantham, J. & Racinais, S. (2012). Physiological responses and physical performance during football in the heat. PLoS One. 7: e39202.

Moore, D.R., Camera, D.M., Areta, J.L. & Hawley, J.A. (2014). Beyond muscle hypertrophy: why dietary protein is important for endurance athletes. Appl Physiol Nutr Metab. 39: 987-997.

Morton, J.P., Croft, L., Bartlett, J.D., Maclaren, D.P., Reilly, T., Evans, L., McArdle, A. & Drust, B. (2009). Reduced carbohydrate availability does not modulate training-induced heat shock protein adaptations but does upregulate oxidative enzyme activity in human skeletal muscle. J Appl Physiol. 106: 1513-1521.

Nielsen, J., Krustrup, P., Nybo, L., Gunnarsson, T.P., Madsen, K., Schrøder, H.D., Bangsbo, J. & Ortenblad, N. (2012). Skeletal muscle glycogen content and particle size of distinct subcellular localizations in the recovery period after a high-level soccer match. Eur J Appl Physiol. 112: 3559-3567.

Nyakayiru, J., Jonvik, K.L., Trommelen, J., Pinckaers, P.J., Senden, J.M., van Loon. L.J. & Verdijk, L.B. (2017). Beetroot juice supplementation improves high-intensity intermittent type exercise performance in trained soccer players. Nutrients. 9(3): doi: 10.3390/nu9030314.

Nybo, L., Pedersen, B., Christensen, B., Aagaard, P., Brandt, N. & Kiens, B. (2009). Impact of carbohydrate supplementation during endurance training on glycogen storage and performance. Acta Physiol. 197: 117-127.

Pettersen, S.A., Krustrup, P., Bendiksen, M., Randers, M.B., Brito, J., Bangsbo, J., Jin, Y. & Mohr, M. (2014). Caffeine supplementation does not affect match activities and fatigue resistance during match play in young football players. J Sports Sci. 32: 1958-1965.

Phillips, S.M. & Van Loon, L.J. (2011). Dietary protein for athletes: from requirements to optimum adaptation. J Sports Sci. 29: S29-S38.

Reidy, P.T., Walker, D.K., Dickinson, J,M., Gundermann, D.M., Drummond, M.J., Timmerman, K.L., Fry, C.S., Borack, M.S., Cope, M.B., Mukherjea, R., Jennings, K., Volpi, E. & Rasmussen, B.B. (2013). Protein blend ingestion following resistance exercise promotes human muscle protein synthesis. J Nutr. 143: 410-416.

Vandenberghe, K., Gillis, N., Van Leemputte, M., Van Hecke, P., Vanstapel, F. & Hespel, P. (1996). Caffeine counteracts the ergogenic action of muscle creatine loading. J Appl. Physiol. 80: 452-457.

van Loon, L.J. & Gibala, M.J. (2011). Dietary protein to support muscle hypertrophy. Nestle Nutr Inst Workshop Ser. 69: 79-89.

Williams, C. & Rollo, I. (2015). Carbohydrate nutrition and team sport performance. Sports Med. 45: S13-22.

Witard, O.C., Jackman, S.R., Breen, L., Smith, K., Selby, A. & Tipton, K.D (2014). Myofibrillar muscle protein synthesis rates subsequent to a meal in response to increasing doses of whey protein at rest and after resistance exercise. Am J Clin Nutr. 99: 86-95.

Wylie, L.J., Mohr, M., Krustrup, P., Jackman, S.R., Erm⊠dis, G., Kelly, J., Black, M.I., Bailey, S.J., Vanhatalo, A, & Jones, A.M. (2013). Dietary nitrate supplementation improves team sport-specific intense intermittent exercise performance. Eur J Appl Physiol. 113: 1673-1684.

Yeo, W.K., Lessard, S.J., Chen, Z.P., Garnham, A.P., Burke, L.M., Rivas, D.A., Kemp, B.E. & Hawley, J.A. (2008). Fat adaptation followed by carbohydrate restoration increases AMPK activity in skeletal muscle from trained humans. J Appl Physiol. 105: 1519-1526.

Yeo, W.K., Paton, C.D., Garnham, A.P., Burke, L.M., Carey, A.L. & Hawley, J.A. (2008). Skeletal muscle adaptation and performance responses to once a day versus twice every second day endurance training regimens. J Appl Physiol. 105: 1462-1470.

专有名词中英文对照

A

Actin 肌动蛋白

adipose tissue 脂肪组织

adrenaline 肾上腺素

alcohol 乙醇

altitude 高原

amino acid 氨基酸

antioxidants 抗氧化剂

attacker 前锋

B

beetroot juice 甜菜根汁

beta–alanine β–丙氨酸

bicarbonate 碳酸氢盐

body temperature 体温

C

caffeine 咖啡因

calcium 钙

carbohydrate 碳水化合物

casein 酪蛋白

cellulose 纤维素

central defenders 中后卫

chromium 铬

cold environment 冷环境

copper 铜

creatine 肌酸

creatine phosphate 磷酸肌酸

culture 培养

D

dehydration 脱水

demands of the game 比赛要求

disaccharides 双糖

E

ethanol 乙醇

evaporation 蒸发

F

fat 脂肪

  saturated 饱和的

  unsaturated 不饱和的

fatigue 疲劳

female players 女性运动员

fibres 纤维

free fatty acids 游离脂肪酸
fructose 果糖
full back 边后卫

G

galactose 半乳糖
glycaemic index 血糖指数
glycogen 糖原

H

haemoglobin 血红蛋白
heart rate 心率
hot environment 热环境
humidity 湿度

I

intestine 肠
iodine 碘
iron 铁

L

lactate 乳酸
lactose 乳糖
leucine 亮氨酸

M

magnesium 镁
maltose 麦芽糖
manganese 锰
midfield players 前卫
minerals 矿物质
muscle fibres 肌纤维
  fast-twitch 快速收缩
  slow-twitch 慢速收缩
muslims 穆斯林
myosin 肌球蛋白

N

Na+/K+ pumps 钠/钾离子泵
nitrate 硝酸盐
nitric oxide 一氧化氮
non-professional player 非职业运动员

O

off-season非赛季
osmolality渗透压

P

phosphorus磷
potassium钾
protein蛋白质

R

Ramadan斋月
red blood cells红细胞

S

salt 盐
selenium 硒
sodium 钠
sodium bicarbonate 碳酸氢钠

soy 大豆

starch 淀粉

stomach 胃

substrates 营养素

sucrose 蔗糖

supplements 补充剂

T

temperature 温度

travelling 旅行

V

vegan 素食

vegetarian 素食主义者

vitamin 维生素

- A 维牛素A
- B_1 维生素B_1
- B_3 维生素B_3
- B_5 维生素B_5
- B_6 维生素B_6
- B_{12} 维生素B_{12}
- C 维生素C
- D 维生素D
- E 维生素E
- K 维生素K

vitamins 维生素类

W

water 水

whey protein 乳清蛋白

Y

young players 青少年运动员

Z

zinc 锌

• 亚足联教练员培训指定教材

足球体能训练丛书

足球有氧与无氧训练
Aerobic and Anaerobic Training in Soccer
延斯·邦斯博著
Jens Bangsbo
C、B、A及职业级教练员培训教材

足球体能测试
Fitness Testing in Football
延斯·邦斯博
Jens Bangsbo
麦格尼·莫尔著
Magni Mohr
B、A及职业级教练员培训教材

足球运动与训练生理学
Exercise and Training Physiology
延斯·邦斯博著
Jens Bangsbo
A及职业级教练员培训教材

足球力量训练
Power Training in Football
延斯·邦斯博
Jens Bangsbo
杰斯帕·L. 安德森著
Jesper L. Andersen
A及职业级教练员培训教材

足球个人体能训练
Individual Training in Football
延斯·邦斯博
Jens Bangsbo
麦格尼·莫尔著
Magni Mohr
A及职业级教练员培训教材

足球运动营养学
Nutrition in Football
延斯·邦斯博著
Jens Bangsbo
A及职业级教练员培训教材

版权声明

版权合同登记号：图字01-2018-5218